A CAMA DE PROCUSTO

NASSIM NICHOLAS TALEB

A CAMA DE PROCUSTO

Aforismos filosóficos e práticos

TRADUÇÃO
Renato Marques

3ª reimpressão

Copyright © 2010, 2015 Nassim Nicholas Taleb

Grafia atualizada segundo o Acordo Ortográfico da Língua Portuguesa de 1990, que entrou em vigor no Brasil em 2009.

Título original The Bed of Procrustes: Philosophical and Practical Aphorisms
Capa Helena Hannemann / Foresti Design
Ilustração de capa Eduardo Foresti / Foresti Design
Projeto gráfico Joana Figueiredo
Preparação Lígia Azevedo
Revisão Ana Maria Barbosa, Maitê Acunzo e Daniela Franco

Dados Internacionais de Catalogação na Publicação (CIP)
(Câmara Brasileira do Livro, SP, Brasil)

> Taleb, Nassim Nicholas
> A cama de Procusto : Aforismos filosóficos e práticos / Nassim Nicholas Taleb ; tradução Renato Marques. — 1ª ed. — Rio de Janeiro : Objetiva, 2022.
>
> Título original: The Bed of Procrustes : Philosophical and Practical Aphorisms.
> ISBN 978-85-470-0144-5
>
> 1. Aforismos e apotegmas 2. Comportamento humano I. Título.

21-87202   CDD-808.882

Índice para catálogo sistemático:
1. Aforismos : Coletâneas : Literatura 808.882
Cibele Maria Dias — Bibliotecária — CRB-8/9427

Todos os direitos desta edição reservados à
EDITORA SCHWARCZ S.A.
Praça Floriano, 19, sala 3001 — Cinelândia
20031-050 — Rio de Janeiro — RJ
Telefone: (21) 3993-7510
www.companhiadasletras.com.br
www.blogdacompanhia.com.br
facebook.com/editoraobjetiva
instagram.com/editora_objetiva
twitter.com/edobjetiva

Para Alexander N. Taleb

SUMÁRIO

Procusto   11
Aviso   13

Prelúdios   15
Contranarrativas   21
Questões ontológicas   31
O sagrado e o profano   35
Acaso, sucesso, felicidade e estoicismo   39
Problemas de otário mais e menos simpáticos   51
Teseu, ou vivendo a vida paleolítica   57
A república das letras   65
O universal e o particular   75
Iludidos pelo acaso   77
Estética   83
Ética   87

Robustez e antifragilidade 99
A falácia lúdica e a dependência de domínio 105
Epistemologia e conhecimento subtrativo 109
O escândalo da previsão 113
Ser filósofo e conseguir continuar sendo 115
Vida econômica e outros assuntos muito vulgares 119
O sábio, o fraco e o magnificente 129
O implícito e o explícito 137
Sobre as variedades de amor e não amor 143
O fim 147

Posfácio 149
Agradecimentos 157

A CAMA DE PROCUSTO

PROCUSTO

Na mitologia grega, Procusto era o cruel dono de uma pequena propriedade em Corídalo, na Ática, a meio caminho entre Atenas e Elêusis ou Eleusina, onde eram realizados os misteriosos rituais de adoração aos deuses. Ele tinha um senso de hospitalidade peculiar: sequestrava os viajantes que por ali passavam, oferecia-lhes um generoso jantar e depois os convidava a passar a noite em uma cama bastante especial. Procusto queria que a cama se encaixasse perfeitamente ao viajante. Se eram altos demais, amputava-lhes os membros com um machado afiado; os que eram baixos, ele esticava de modo a preencher toda a extensão da cama (seu nome na verdade era Damastes, ou Polipémon; Procusto, que significava "o esticador", era seu apelido).

Na mais pura forma de justiça poética, o feitiço virou contra o feiticeiro, e Procusto provou do próprio veneno. Um dos viajantes a passar por aquelas bandas foi o destemido Teseu, que, em um momento posterior de sua heroica carreira, mataria o Minotauro. Após o costumeiro jantar, Teseu fez Procusto se deitar em sua própria cama. Então, para que coubesse perfeitamente, ele o decapitou. Teseu seguiu o método de Hércules de pagar na mesma moeda.

Em versões mais sinistras (como a da *Biblioteca* de Pseudo-

-Apolodoro), Procusto tinha duas camas, uma pequena e outra grande, e fazia as vítimas baixas se deitarem na cama grande e as vítimas altas, na cama pequena.

Todo aforismo aqui diz respeito a uma espécie de cama de Procusto — diante dos limites do conhecimento e de coisas que não observamos, como o invisível e o desconhecido, nós, humanos, resolvemos a tensão espremendo a vida e o mundo em ideias comoditizadas e concisas, categorias reducionistas, vocabulários específicos e narrativas pré-empacotadas, que têm consequências explosivas. Além disso, parecemos desconhecer o ajuste retroativo, como alfaiates que sentem imenso orgulho de oferecer o traje de caimento perfeito, mas fazem isso alterando cirurgicamente os braços e as pernas dos clientes. Por exemplo, pouca gente percebe que estamos mudando o cérebro de crianças em idade escolar por meio de medicamentos a fim de fazer com que elas se ajustem à grade curricular, e não o contrário.

Uma vez que os aforismos perdem seu encanto quando explicados, por ora apenas insinuo qual é o tema central deste livro, relegando ao posfácio discussões adicionais. Trata-se de pensamentos condensados girando em torno de minha ideia principal de *como lidamos e como deveríamos lidar com o que não conhecemos e não sabemos*, questões discutidas mais a fundo em meus livros *A lógica do cisne negro* e *Iludidos pelo acaso*.*

---

* Quando uso a metáfora da cama de Procusto, não falo apenas de colocar algo no compartimento errado, mas principalmente da operação inversa de alterar a variável errada, como a pessoa em vez da cama. Note que todas as falhas do que chamamos de "sabedoria" (juntamente com a proficiência técnica) podem ser reduzidas a uma situação de cama de Procusto. [Todas as notas são do autor, a menos quando houver indicação em contrário.]

AVISO

Aforismos são diferentes do texto convencional. O autor recomenda a leitura de não mais do que quatro aforismos por vez. Também é preferível selecioná-los de forma aleatória.

PRELÚDIOS

Quem você mais teme contradizer é você mesmo.

———

Uma ideia começa a ser interessante quando se tem medo de levá-la à sua conclusão lógica.

———

As pessoas estão muito menos interessadas no que você está tentando mostrar a elas do que naquilo que está tentando esconder.

———

As empresas farmacêuticas são melhores em inventar doenças que sejam compatíveis com os medicamentos existentes do que em inventar medicamentos que sejam compatíveis com as doenças existentes.

———

Para entender o efeito libertador do ascetismo, tenha em mente que perder toda a sua fortuna é muito menos doloroso do que perder apenas metade dela.

Para levar um tolo à falência, dê a ele informações.

O mundo acadêmico é para o conhecimento o que a prostituição é para o amor — na superfície, é bem parecido, mas o não otário sabe que não é exatamente a mesma coisa.*

Na ciência, é preciso entender o mundo; nos negócios, é preciso que os outros entendam mal o mundo.

Desconfio que mataram Sócrates porque há algo de terrivelmente desagradável, repulsivo e inumano em pensar com extrema clareza.

A educação torna o sábio ligeiramente mais sábio, mas torna o tolo tremendamente mais perigoso.

O teste de originalidade de uma ideia não é a ausência de predecessor, mas a presença de múltiplos deles, ainda que incompatíveis.

---

* Preciso de um qualificador aqui. Há exceções, mas também há muitos casos notórios em que a prostituta se apaixona pelo cliente.

A dupla punição da modernidade é fazer com que envelheçamos prematuramente e vivamos mais tempo.

Um erudito é alguém que demonstra menos do que sabe; um jornalista ou consultor são o contrário.

Seu cérebro é mais inteligente quando você não o instrui acerca do que fazer — algo que as pessoas descobrem de tempos em tempos no chuveiro.

Se sua raiva diminui com o tempo, você cometeu uma injustiça; se aumenta, você sofreu uma injustiça.

Tenho curiosidade de saber se aqueles que defendem a generosidade por suas recompensas percebem sua incoerência, ou se aquilo que chamam de generosidade é uma estratégia de investimento atraente.*

---

* Um ato generoso é precisamente aquilo que não visa à recompensa, seja financeira, social ou emocional que é deôntico (observa incondicionalmente os deveres) e não utilitarista (almeja alguns ganhos coletivos — ou até mesmo individuais — de bem-estar). Não há nada de errado em atos "generosos" que suscitem nas pessoas que os praticam uma "calorosa sensação de alegria e satisfação" ou que prometam salvação aos altruístas; mas eles não devem ser linguisticamente fundidos a ações deônticas, que emanam do puro senso de dever.

Quem pensa que religião tem a ver com "crença" não entende nada de religião e não faz ideia do que é crença.

O trabalho destrói a alma invadindo sorrateiramente o cérebro durante as horas que você não está oficialmente trabalhando; seja seletivo em relação à sua profissão.

Na natureza, nunca repetimos movimentos; em cativeiro (escritório, academia de ginástica, deslocamento de casa para o trabalho, esportes), a vida é apenas uma lesão por esforço repetitivo. Sem aleatoriedade.

Usar o fracasso do bom senso dos outros como desculpa é, por si só, um fracasso do bom senso.

Sujeitar-se à camisa de força da lógica estreita (aristotélica) e evitar incoerências fatais não é a mesma coisa.

A economia não é capaz de digerir a ideia de que o coletivo (e o agregado) é desproporcionalmente menos previsível que os indivíduos.

Não fale sobre "progresso" em termos de longevidade, segurança ou conforto antes de comparar os animais do zoológico aos da selva.

Se logo pela manhã você já sabe com exatidão como será seu dia, uma parte sua morreu — quanto maior a exatidão, maior a parte.

Não existe estado intermediário entre o gelo e a água, mas existe estado intermediário entre a vida e a morte: o emprego.

Você tem uma vida ajustada quando a maior parte do que teme contém a empolgante perspectiva de aventura.

A procrastinação é a alma se rebelando contra o aprisionamento.

Ninguém quer ser 100% transparente; não para os outros, e certamente não para si mesmo.

Erudição sem baboseira, intelecto sem covardia, coragem sem imprudência, matemática sem nerdice, conhecimento sem academicismo, inteligência sem astúcia, religiosidade sem intolerância, elegância sem suavidade, sociabilidade sem dependência, prazer sem vício e, acima de tudo, nada sem arriscar a própria pele.

CONTRANARRATIVAS

As pessoas não gostam quando alguém lhes pede ajuda; mas se sentem ignoradas quando ninguém pede.

———

A melhor vingança contra um mentiroso é convencê-lo de que você acredita no que ele disse.

———

Quando queremos fazer algo que, inconscientemente, sabemos que será um fiasco, buscamos aconselhamento, para poder culpar alguém pelo fiasco.

———

A França ocupou a Argélia esperando encontrar um país que fosse comer cassoulet; em vez disso, hoje a França come cuscuz.

———

É mais difícil dizer *não* quando você tem real intenção de negar alguma coisa do que quando não tem.

———

Nunca diga *não* duas vezes quando quiser realmente negar alguma coisa.

Tendemos a definir grosseria menos pelas palavras usadas (o que se diz) do que pelo status de quem recebe a descortesia (a quem ela é endereçada).

O que mais prejudica sua reputação é o que você diz para defendê-la.

A única definição objetiva de envelhecer é quando a pessoa começa a falar sobre envelhecer.

Você será invejado por seu sucesso, por sua riqueza, por sua inteligência, por sua aparência, por seu status — mas raramente por sua sabedoria.

Boa parte do que chamam de humildade é arrogância extremamente bem disfarçada.

A maior parte da diferença entre o que é trabalho e o que é lazer é gestão de marca.

Se quiser que as pessoas leiam um livro, diga que ele é superestimado.

Nunca se ganha uma discussão até começarem a nos atacar pessoalmente.

O hipócrita moderno chama de "respeito" o que não passa de medo dos poderosos.

Nada é mais permanente do que arranjos, déficits, tréguas e relacionamentos "temporários", e nada é mais temporário que os "permanentes".

O primeiro a usar a palavra "mas" perde a discussão.

Os momentos mais dolorosos não são aqueles que passamos na companhia de pessoas desinteressantes: são aqueles que passamos com pessoas desinteressantes que se esforçam para ser interessantes.

Ódio é amor com um erro de digitação em algum lugar do código do computador: é corrigível, mas dificílimo de encontrar.

A maioria dos erros fica pior quando se tenta corrigi-los.

Pergunto-me se um inimigo ressentido ficaria com ciúmes se descobrisse que eu odeio outra pessoa.

O principal motivo para ir à escola é aprender a *não* pensar como um professor.

A característica mais marcante do perdedor é lamentar, em termos gerais, os defeitos, preconceitos, contradições e irracionalidade da humanidade — sem explorá-los de modo a se divertir e lucrar com eles.

O teste para saber se você gostou de verdade de um livro é se o releu (e quantas vezes); o teste para saber se realmente gosta da companhia de uma pessoa é ter disposição de encontrá-la repetidas vezes — o resto é retórica manipuladora, ou a variedade de sentimentos agora chamada de autoestima.

Se alguém está se esforçando para ignorar você, não está ignorando você.

Perguntamos "por que ele é rico (ou pobre)?", e não "por que ele não é mais rico (ou mais pobre)?"; "por que a crise é tão profunda?", e não "por que não é mais profunda?".

Uma das maquinações da vida é tornar algumas pessoas ricas e infelizes, ou seja, ao mesmo tempo frágeis e desprovidas de esperança.

O ódio é muito mais difícil de dissimular do que o amor. Ouve-se falar de amor fingido; nunca de ódio fingido.

Às vezes as pessoas nos fazem perguntas implorando com os olhos que não digamos a verdade.

O oposto da masculinidade não é covardia; é tecnologia.

Em geral, o que chamamos de "bom ouvinte" é alguém com uma indiferença habilmente refinada.

Em suas orações, substitua "Livrai-nos do mal" por "Livrai-nos daqueles que aperfeiçoam as coisas em troca de um salário".

É a aparência de inconsistência, e não a ausência dela, que torna as pessoas atraentes.

Você se lembra mais dos e-mails que enviou e não foram respondidos do que dos e-mails que você não respondeu.

Nunca leia uma resenha de livro escrita por um autor cujos livros você não leria.

As pessoas reservam elogios-padrão para quem não ameaça o orgulho delas; os outros, elas costumam enaltecer chamando de "arrogantes".

O sonho de ter computadores que se comportam como humanos está se tornando realidade, com a transformação de uma única geração de humanos em computadores.

Desde Catão, o Velho, certo tipo de maturidade vem à tona quando alguém começa a acusar a nova geração de "superficial" e exaltar a anterior por conta de seus "valores".

Quase todas as pessoas que são flagradas cometendo uma falácia lógica interpretam isso como uma "discordância".

Evitar incomodar os outros com conselhos sobre como se exercitar e outras questões de saúde é tão difícil quanto manter um cronograma de exercícios.

Quando você elogia uma pessoa por não ter defeitos, também está sugerindo que lhe faltam virtudes.

Se babacas poderosos não o consideram "arrogante", isso significa que você está fazendo algo errado.

Quando ela anuncia, aos berros, que o que você fez foi imperdoável, ela já começou a lhe perdoar.

Carecer de imaginação só é um problema quando você se entedia facilmente.

As pessoas sentem profunda ansiedade ao descobrir que alguém que consideravam burro é na verdade mais inteligente do que elas.

Chamamos de narcisistas os indivíduos que se comportam como se ocupassem o centro do mundo; aqueles que fazem exatamente o mesmo juntos chamamos de amantes, ou "abençoados com amor".

A amizade que acaba nunca foi amizade; havia pelo menos um otário.

A maioria das pessoas tem medo de ficar sem estímulos audiovisuais porque é muito repetitiva quando pensa e imagina coisas por conta própria.

Quando alguém escreve: "Não gosto de você, mas concordo com você", leio: "Não gosto de você porque concordo com você".

O ódio não correspondido é muito mais nocivo para o eu do que o amor não correspondido. Não é possível reagir retribuindo na mesma moeda.

Um governo que declara: "Não ficaremos de braços cruzados diante de atrocidades cometidas por [ditador estrangeiro xyz]", normalmente está tentando amenizar a culpa por ficar de braços cruzados diante de mais atrocidades cometidas por xyz.

Para os compassivos, é mais fácil substituir o sofrimento por outra tristeza do que pela alegria.

A sabedoria nos jovens é tão desinteressante quanto a frivolidade nos velhos.

Algumas pessoas só têm graça quando tentam ser sérias.

É difícil refrear o impulso de revelar segredos em uma conversa, como se a informação tivesse o desejo de viver e o poder de se multiplicar.

É uma manipulação muito poderosa permitir que outros vençam as pequenas batalhas.

Se quer que desconhecidos ajudem você, sorria. No caso das pessoas mais próximas, chore.

QUESTÕES ONTOLÓGICAS

A vida é mais realização do que intenção.

———

Se você se entedia com facilidade, significa que seu detector de baboseira está funcionando corretamente; se você se esquece de (algumas) coisas, significa que sua mente sabe filtrar; se você sente tristeza, quer dizer que é humano.

———

É uma doença muito recente confundir o inobservado com o inexistente; mas algumas pessoas são contaminadas com a pior das doenças: confundir o inobservado com o inobservável.

———

Precisamos nos sentir um pouco perdidos em algum lugar, física ou intelectualmente, pelo menos uma vez por dia.

———

A suprema liberdade consiste em não ter que explicar por que você fez alguma coisa.

———

Pedir à ciência que explique a vida e outros assuntos vitais equivale a pedir a um gramático que explique a poesia.

A boa vida — *a vita beata* — é como ler um romance russo: são necessárias duas centenas de páginas de luta com os personagens antes que se possa começar a gostar. Depois disso é que todo o agito começa a fazer sentido.

Ninguém consegue se divertir quando se empenha nisso.

Um indivíduo existe se e somente se for livre para fazer coisas sem um objetivo visível, sem justificativa e, sobretudo, fora da ditadura da narrativa de outra pessoa.

A automação transforma atividades agradáveis em "trabalho".

Pensar que todos os indivíduos buscam interesses "egoístas" equivale a presumir que todas as variáveis aleatórias têm covariância zero.

Para que a vida seja realmente divertida, o que se teme deve estar alinhado com o que se deseja.

O SAGRADO E O PROFANO

Não se pode expressar o sagrado em termos feitos para o profano, mas é possível discutir o profano em termos feitos para o sagrado.

Ateísmo (materialismo) significa tratar os mortos como se não tivessem nascido. Eu não faço isso. Ao aceitar o sagrado, reinventa-se a religião.

O paganismo é a teologia descentralizada.

Se você não consegue detectar espontaneamente (sem analisar) a diferença entre sagrado e profano, nunca saberá o que é religião. Tampouco entenderá o que chamamos de arte. Você nunca entenderá coisa alguma.

Antes, usava-se roupas comuns durante os dias de semana e roupas formais no domingo. Hoje é o contrário.

Para marcar uma separação entre sagrado e profano, tomo um banho ritual após qualquer contato ou correspondência (até mesmo e-mails) com consultores, economistas, professores da Harvard Business School, jornalistas e pessoas envolvidas em atividades igualmente depravadas; aí me sinto purificado do profano e ajo como tal até o próximo episódio.

A religião tem menos a ver com dizer ao homem que existe um único Deus do que com impedir o homem de pensar que é Deus.

Quanto menos deuses, maior o dogma e a intolerância teológica. Assim, $n = 0$ (ateus "modernos"), $n = 1$ (sunitas puristas), $n = 1 - 2$ (monofisistas), $n = 3 - 12$ (ortodoxia grega), n flexível (paganismo do Mediterrâneo antigo).

O livro é o único meio que ainda não foi corrompido pelo profano: tudo o mais, até onde a vista alcança, nos manipula com um anúncio publicitário.*

---

* Um comentário aqui. Após um longo período de abstenção dos meios de comunicação, cheguei à constatação de que não há nada que não esteja (desajeitadamente) tentando nos vender alguma coisa. Só confio na minha biblioteca. Não há nada de errado com a posse do livro físico como uma manifestação da fraqueza humana, desejo de se exibir, sinalização de superioridade ao estilo da cauda de pavão; são as prioridades comerciais fora do livro que o corrompem.

É possível substituir mentiras pela verdade; mas no lugar do mito só se pode colocar uma narrativa.

O sagrado é uma questão de incondicionais; o profano gira em torno de condicionais.*

O Mediterrâneo antigo: antes do monoteísmo, as pessoas mudavam e trocavam de rituais e de deuses como fazemos hoje com comidas étnicas.

A origem do trágico na história está em confundir o incondicional de outra pessoa com o condicional — e vice-versa.

Ateus são apenas versões modernas de fundamentalistas religiosos: ambos levam a religião ao pé da letra.

Os restaurantes atraem as pessoas com comida para lhes vender bebidas alcoólicas; as religiões seduzem as pessoas com crenças para lhes vender regras (por exemplo, evitar dívidas). As pessoas são capazes de compreender a noção de Deus, não regras inexplicáveis, interditos e heurísticas absolutas.

---

* Por exemplo, muitas pessoas consideradas incorruptíveis são muito caras.

Um absoluto: é mais fácil jejuar do que fazer regime. Ninguém consegue ser "ligeiramente" kosher ou *halal* comendo apenas uma pequena porção de presunto.

Para se curar completamente dos jornais, passe um ano lendo os jornais da semana anterior.

ACASO, SUCESSO, FELICIDADE E ESTOICISMO

Sucesso é se tornar em meados da vida adulta o que se sonhava ser no fim da infância. O resto vem da perda de controle.

O oposto de sucesso não é fracasso; é citar nomes de gente famosa para impressionar.

A modernidade precisa entender que ser rico e ficar rico não são, em termos matemáticos, pessoais, sociais e éticos, a mesma coisa.

Corolário: se você socializa com alguém cuja conta bancária é menor que a sua, é obrigado a conversar como se tivesse exatamente os mesmos recursos, a comer nos lugares onde o outro come e a nunca mostrar as fotos das suas férias na Provença ou qualquer coisa que indique a diferença de posses.

Ninguém se torna completamente livre apenas evitando ser um escravo; também precisa evitar se tornar um senhor.*

A fortuna pune o ganancioso tornando-o pobre, e o muito ganancioso, tornando-o rico.

É bastante revelador das preferências humanas que mais suicídios sejam causados por vergonha ou perda de status social e financeiro do que por diagnósticos médicos.

Nas disputas do mundo dos negócios, normalmente ambas as partes conflitantes saem derrotadas; nas disputas do mundo acadêmico, ambas saem vencedoras.

Estudar o trabalho e os hábitos intelectuais de um "gênio" para aprender com ele é como estudar o avental de um chef para imitar sua culinária.

"Riqueza" é um conceito sem sentido e sem medida absoluta; use, em vez disso, a medida subtrativa "não riqueza", que é a

---

* Versões dessa questão foram repetidas e redescobertas ao longo da história — da última forma convincente, por Montaigne.

diferença, a qualquer momento, entre o que você tem e o que gostaria de ter.

Só dá para saber com certeza se uma pessoa é babaca quando ela fica rica.

As pessoas mais velhas ficam mais bonitas quando têm o que falta aos jovens: equilíbrio, erudição, sabedoria, frônese e ausência de agitação pós-heroica.

Fui a uma conferência sobre felicidade; os pesquisadores pareciam muito infelizes.

O que os tolos chamam de "desperdiçar tempo" é geralmente o melhor investimento.

O declínio começa com a substituição de sonhos por lembranças e termina com a substituição de lembranças por outras lembranças.

Não há sinal mais evidente de fracasso do que um homem de meia-idade que se vangloria de seu desempenho na faculdade.

O desejável é evitar ser detestado sem ser invejado ou admirado.

Não leia nada dos últimos cem anos; não coma frutas dos últimos mil anos; não beba nada dos últimos 4 mil anos (apenas vinho e água); não fale com nenhum homem medíocre com mais de quarenta anos. Um homem sem inclinação heroica começa a morrer aos trinta anos.

Algumas atividades são muito mais tediosas por dentro. Até mesmo a pirataria, dizem.

Karl Marx, um visionário, descobriu que se pode controlar muito melhor um escravo convencendo-o de que ele é um empregado.

Eu me pergunto quantas pessoas procurariam riqueza excessiva se ela não trouxesse a reboque uma dose de status.

Os países católicos tinham mais monogamia em série do que hoje, mas sem necessidade de divórcio — a expectativa de vida era menor, de modo que a duração do casamento era muitíssimo menor.

Para descobrir como estará de vida daqui a dez anos em comparação com outra pessoa, calcule quantos inimigos tem, quantos a outra pessoa tem e eleve a proporção ao quadrado.

A maneira mais rápida de enriquecer é socializar com os pobres; a maneira mais rápida de empobrecer é socializar com os ricos.

Em uma reunião de pessoas de "alto status", a pessoa alfa é, muitas vezes, de modo perceptível, o garçom.

Você será civilizado no dia em que puder passar um longo período sem fazer nada, sem aprender, sem melhorar nada e sem sentir um pingo de culpa.

Alguém que diz "estou ocupado" ou está declarando incompetência (e falta de controle de sua vida) ou tentando se livrar de você.

Em todos os empreendimentos, o sucesso requer a ausência de qualidades específicas. 1) ser bem-sucedido no crime exige ausência de empatia; 2) ter êxito no setor bancário exige ausência de vergonha de esconder riscos; 3) ter sucesso nos estudos exige ausência de senso comum; 4) ter sucesso na economia exige ausência de compreensão de probabilidade, risco, efeitos de segunda ordem, ou de tudo; 5) ser bem-sucedido no jornalismo exige incapacidade de pensar em assuntos que tenham até mesmo a mais infinitesimal chance de ser relevante em janeiro do ano seguinte; 6) contudo, para alcançar sucesso na vida, a pessoa precisa ter uma total incapacidade de fazer qualquer coisa que lhe cause desconforto quando se olha no espelho.

A diferença entre os escravos dos tempos dos Impérios Romano e Otomano e os funcionários de hoje é que os escravos não precisavam bajular o chefe.

O benefício natural de celulares, laptops e outros itens modernos indispensáveis é a alegria que a pessoa sente ao encontrar o objeto depois de perdê-lo. Perder sua carteira repleta de cartões de crédito é uma chance de ter um ótimo dia.

Você é rico se, e somente se, o dinheiro que recusar tiver um gosto melhor do que o dinheiro que aceitar.

Não socialize com pessoas muito mais ricas que você; porém, se o fizer, que seja em seu próprio território (restaurantes cuja conta você tem condições de pagar etc.).

Para a maioria das pessoas, o sucesso é a passagem nociva do campo do odiar para o campo do ser odiado.

Para saber se você gosta de onde está, sem as correntes da dependência, verifique se você retorna com a mesma alegria que sentiu ao ir embora.

Pode-se dizer quão pobre uma pessoa se sente pelo número de vezes que menciona "dinheiro" em uma conversa.

A diferença entre amor e felicidade é que aqueles que falam sobre amor tendem a estar apaixonados, mas aqueles que falam sobre felicidade tendem a não ser felizes.

Modernidade: criamos jovens sem heroísmo, idade sem sabedoria e vida sem grandeza.

Para saber o quanto uma pessoa é desinteressante, basta lhe perguntar quem ela acha interessante.

A internet é um lugar insalubre para quem tem sede de atenção.

Tenho curiosidade de saber se alguém já calculou o tempo que leva para que um desconhecido ligeiramente bem-sucedido que estudou em Harvard mencione isso aos outros convidados de uma festa.

As pessoas se concentram em modelos; é mais eficaz encontrar antimodelos — pessoas com as quais você não quer se parecer quando crescer.

É uma boa prática sempre pedir desculpas, exceto quando se fez algo errado.

A preocupação com a eficácia é o principal obstáculo para uma vida poética, nobre, elegante, robusta e heroica.

Algumas pessoas, como a maioria dos banqueiros, são tão inaptas para o sucesso que parecem anões vestidos com roupas de gigantes.

Não exagere ao comentar ofensas cometidas contra você; isso pode dar ideias aos seus inimigos menos imaginativos.

A maioria das pessoas alimenta suas obsessões tentando se livrar delas.

Mudar as opiniões de uma pessoa é tão difícil quanto mudar os gostos dela.

O que costumamos chamar de "sucesso" (recompensas, status, reconhecimento, alguma nova métrica) é um prêmio de consolação para aqueles que são infelizes e não são bons no que fazem.

Minhas lembranças mais afetuosas são dos momentos que passei em lugares considerados feios, e as mais enfadonhas dos lugares tidos como paisagens pitorescas.

É bom não sentir inveja, mas o melhor é não invejar nem ser invejado.

A aptidão é certamente sinal de força, mas, sem os estímulos naturais, o empenho para adquirir aptidão pode sinalizar alguma fraqueza incurável.

Charme é a capacidade de insultar as pessoas sem ofendê-las; nerdice, o inverso.

As pessoas que não acham que um emprego é escravidão sistêmica ou são cegas ou estão empregadas.

Assim que nascem, são colocados dentro de uma caixa; vão morar em uma caixa chamada de casa; estudam marcando caixinhas de opções; vão para o que é chamado de "trabalho", uma caixa onde se sentam em seus cubículos-caixas; dirigem uma caixa para ir ao supermercado, onde compram comida em caixas; vão para a academia de ginástica em uma caixa para sentar em uma caixa; falam sobre pensar "fora da caixa"; e quando morrem são colocados em um caixão. Tudo são caixas, caixas euclidianas, de superfície geometricamente regular.

Nunca contrate um aluno nota dez, a menos que seja para fazer provas.

Outra definição de modernidade: cada vez mais as conversas podem ser reconstruídas por completo com fragmentos de outras conversas que ocorrem ao mesmo tempo no planeta.

O século XX foi a falência da utopia social; o século XXI será a da tecnológica.

Na época de Suetônio, 60% dos educadores de destaque (gramáticos) eram escravos. Hoje, a proporção é de 97,1%, e está crescendo.

Os esforços no sentido de construir utopias sociais, políticas e médicas causaram pesadelos; muitas curas e técnicas resultaram de medidas marciais.

A "conectividade" da rede mundial de computadores cria uma peculiar forma de promiscuidade informacional e pseudossocial, que faz com que o indivíduo se sinta limpo após se abster da internet.

Na maioria dos debates, as pessoas parecem estar tentando convencer umas às outras; mas tudo o que elas podem esperar são novos argumentos para convencer a si mesmas.

Você notou que colecionar arte está para a pintura por hobby assim como assistir a vídeos pornográficos é em relação a fazer a coisa real? A única diferença é o status.

PROBLEMAS DE OTÁRIO
MAIS E MENOS SIMPÁTICOS

O aspecto mais deprimente da vida dos casais que você vê discutindo em restaurantes é que eles quase sempre desconhecem o verdadeiro motivo da discussão.

Parece que as pessoas mais malsucedidas são as que mais dão conselhos, principalmente em questões de escrita e finanças.

Nunca entre em uma parceria comercial com um advogado aposentado, a menos que ele tenha outro hobby.

Boatos só são valiosos quando negados.

O problema com os acadêmicos é que eles realmente pensam que os não acadêmicos os consideram mais inteligentes que eles próprios.

É mais provável você conseguir enganar a si mesmo do que aos outros no longo prazo.

As universidades estão progredindo: antes forneciam bolsas de estudos por uma pequena taxa, agora vendem diplomas e títulos a um custo exorbitante.

Existem dois tipos de pessoas: as que tentam ganhar e as que tentam ganhar discussões. Nunca são as mesmas.

A heurística racional é evitar qualquer comentário sobre o mercado feito por uma pessoa que precisa trabalhar para ganhar a vida.

Geralmente as pessoas pedem desculpas para que possam fazer a mesma coisa de novo.

A matemática é em relação ao conhecimento o que a mão artificial é para a mão real; alguns amputam para substituir.

A modernidade inflige às atividades uma narrativa cretina; agora "caminhamos pelo exercício", não "caminhamos" sem justificativa, por razões ocultas.

A burocracia é uma construção engendrada para maximizar a distância entre um tomador de decisão e os riscos da decisão.

As redes sociais são gravemente antissociais, os alimentos saudáveis são empiricamente insalubres, os profissionais do conhecimento são muito ignorantes e as ciências sociais não têm nada de científicas.

As pessoas tendem a sussurrar quando dizem a verdade e levantar a voz quando mentem.

Há muitas pessoas que nos levam a pensar que, em vez de procurar a "causa da morte" quando elas derem seu último suspiro, deveríamos procurar a "causa da vida" enquanto ainda estão por aí.

Sob condições de opacidade, informação incompleta e entendimento parcial, muito do que não entendemos é rotulado como "irracional".

Os que usam as outras pessoas são os que ficam mais chateados quando alguém os usa.

Se alguém lhe apresentar mais de um motivo pelo qual deseja o emprego, não o contrate.

Os programas executivos nos permitem observar pessoas que nunca trabalharam ensinando aqueles que nunca refletiram sobre coisa alguma.

Falha no pensamento de segunda ordem: uma pessoa lhe conta um segredo e, de alguma forma, espera que você o guarde, quando acabou de lhe dar provas de que ela mesma não é capaz de guardá-lo.

Quando as pessoas dizem: "Estou investindo no longo prazo", significa que estão perdendo dinheiro.

As redes sociais apresentam informações sobre aquilo de que as pessoas gostam; mais informativo seria se, em vez disso, descrevessem aquilo de que elas não gostam.

O fato de que as pessoas em países de clima frio tendem a trabalhar com mais afinco, a ser mais ricas, menos relaxadas, menos amigáveis, menos tolerantes ao ócio, mais organizadas (até demais) e mais estressadas do que aquelas que vivem em climas mais quentes deveria nos fazer considerar se a riqueza é mera indenização, e se a motivação é apenas uma compensação excessiva por não ter uma vida real.

Toda a boataria sobre uma figura pública deve ser considerada falsa até que a pessoa ameace mover ações judiciais.

As pessoas são tão propensas ao excesso de causalidade que é possível transformar um reticente em tagarela, deixando escapar no meio da conversa um ocasional "por quê?".

Nunca mostre um número de risco, mesmo que esteja correto.

Volta e meia preciso me lembrar de que um pensador verdadeiramente independente pode ter a aparência de um contador.

TESEU, OU VIVENDO A VIDA PALEOLÍTICA

Os três vícios mais nocivos são heroína, carboidratos e um salário mensal.

O aspecto mais importante de jejuar é que você sente uma gratidão profunda e descontrolada ao quebrar o jejum.

Minha única medida de sucesso é quanto tempo você tem para matar.

Eu me pergunto se um leão (ou um canibal) pagaria um altíssimo ágio por seres humanos criados soltos ao ar livre.

Um bom livro melhora na segunda leitura. Um ótimo livro, na terceira. Qualquer livro que não vale a pena reler não vale a pena ler.

Se você precisa ouvir música enquanto caminha, não caminhe; e, por favor, não ouça música.

———

Os homens destroem uns aos outros em tempos de guerra, e a si mesmos em tempos de paz.

———

Jejum: todo ser humano deveria aprender a ler, escrever, respeitar os fracos, correr riscos ao expressar desrespeito aos poderosos em alto e bom som, quando isso for justificável, e jejuar.

———

Os esportes feminizam os homens e masculinizam as mulheres.

———

A tecnologia pode degradar (e pôr em perigo) todos os aspectos da vida de um otário, convencendo-o de que está se tornando mais "eficiente".

———

A diferença entre tecnologia e escravidão é que os escravos têm plena consciência de que não são livres.

———

Alta Modernidade: rotina no lugar do esforço físico, esforço físico no lugar do gasto mental e gasto mental no lugar da clareza mental.

Você tem uma vida real se, e somente se, não competir com ninguém em nenhuma de suas atividades.

Nas provas da vida real, alguém lhe dá uma resposta e você precisa encontrar as melhores perguntas para ela.

No caso de doenças terminais, a natureza permite que você morra com um sofrimento abreviado; a medicina permite que você sofra com uma morte prolongada.

Nós nos damos por satisfeitos com objetos naturais (ou antigos), como paisagens ou pinturas clássicas, mas somos insaciáveis com as tecnologias, amplificando os pequenos aperfeiçoamentos das versões mais recentes, obcecados por 2.0, aprisionados em uma esteira rolante mental.

Somente na história recente é que "trabalhar duro" passou a simbolizar orgulho, e não vergonha, por falta de talento, sutileza e, principalmente, *sprezzatura*.*

---

* Definido por Baldassare Castiglione em seu livro *Il Cortegiano* (publicado em 1528), o conceito diz respeito a uma habilidade essencial do cortesão ideal: certa displicência e aparente indiferença, a qualidade de demonstrar que o que se faz e diz é feito sem esforço e quase sem pensar. "Naturalidade artificial" ou "espontaneidade simulada", a *sprezzatu-*

Costumava demorar sete anos para descobrirmos se um livro é um livro ou jornalismo encadernado. Agora, bastam dois anos. Em breve, bastarão alguns meses.

Em suma, a modernidade substituiu processo por resultado e o relacional pelo transacional.

Algumas ideias nascem à medida que vão sendo escritas, ao passo que outras morrem.

A ideia que se tem de período sabático é trabalhar seis dias e descansar um; minha ideia de sabático é trabalhar (parte de) um dia e descansar seis.

O que chamam de "diversão" (academia de ginástica, viagens, esportes) parece trabalho; quanto mais se esforçam, mais cativos se tornam.

A vida é a detecção precoce do ponto de reversão para além do

---

ra é dominar à perfeição, por exemplo, a arte de se relacionar com as pessoas e de se vestir com elegância, de forma que essas difíceis tarefas pareçam completamente desprovidas de esforço, planejamento ou preocupação. (N. T.)

qual seus próprios pertences (por exemplo, casa, casa de campo, carro ou empresa) começam a ser seus donos.

Em sua maioria, as eficiências modernas são castigos adiados.

Somos caçadores; só estamos verdadeiramente vivos nos momentos em que improvisamos, sem cronogramas e horários, apenas com pequenas surpresas e estímulos do ambiente.

Para tudo, use o tédio no lugar do cronômetro, como um relógio de pulso biológico, embora sob as restrições das boas maneiras.

Uma heurística acerca de se ter controle da própria vida: você pode tirar sonecas?

A decomposição, para a maioria das pessoas, começa quando elas trocam a vida universitária — livre, social e não corrompida — pelo confinamento solitário de profissões e famílias nucleares.

Um dos livros mais curtos que já li tinha 745 páginas.

O livro mais longo que já li tinha 205 páginas.

Para um classicista, é doloroso ver um atleta de alto rendimento, que se esforça para se tornar um animal e não um homem, pois jamais será tão rápido quanto um guepardo ou tão forte quanto um boi.

Habilidades que se transferem: brigas de rua, caminhadas fora de trilhas marcadas, sedução, ampla erudição. Habilidades que não são transferíveis: escola, jogos, esportes, laboratório — tudo o que é reduzido e organizado.

A educação formal é a soma de credenciais e conhecimento negativo, de modo que funciona em equilíbrio, no zero a zero.

Você existe por completo se, e somente se, sua conversa (ou sua escrita) não puder ser facilmente reconstruída com fragmentos de outras conversas.

Os ingleses têm um clima mediterrâneo aleatório, mas vão para a Espanha porque seu tempo livre não é grátis.

É uma maldição ter ideias que as pessoas entendem apenas quando já é tarde demais.

Para a maioria das pessoas, o trabalho e o que vem com ele têm o efeito corrosivo das lesões crônicas.

A vida verdadeira (*vita beata*) é quando suas escolhas correspondem aos seus deveres.

O melhor da tecnologia é quando ela é invisível.

A diferença entre a vida verdadeira e a vida moderna é igual à diferença entre uma conversa e declamações bilaterais.

Quando vejo pessoas em esteiras rolantes, fico imaginando como os leões alfa, os mais fortes, são os que gastam a menor quantidade de energia, dormindo vinte horas por dia; outros caçam para eles. *Cesar pontem fecit.*[*]

---

[*] Literalmente, "César construiu uma ponte", mas a sutileza é que também pode sugerir "César mandou que lhe construíssem uma ponte".

Toda associação social que não seja cara a cara é prejudicial à saúde.

Não sou capaz de ver diferença entre riqueza extrema e overdose.

A REPÚBLICA DAS LETRAS

Escrever é a arte de se repetir sem que ninguém perceba.

———

A maioria das pessoas escreve para se lembrar das coisas; eu escrevo para esquecer.

———

O que outros chamam de filosofia, eu chamo de literatura; o que chamam de literatura, eu chamo de jornalismo; o que chamam de jornalismo, eu chamo de fofoca; e o que chamam de fofoca, eu chamo (generosamente) de voyeurismo.

———

Se o professor não for capaz de dar uma aula sem preparação, não assista a ela. As pessoas devem ensinar apenas o que aprenderam organicamente, por meio da experiência e da curiosidade... ou arranjar outro emprego.

———

Os escritores são lembrados por sua melhor obra; os políticos, por seus piores erros; dos empresários, quase nunca alguém lembra.

Pode até parecer que os críticos culpam o autor por não escrever o livro que eles queriam ler, mas na verdade o estão culpando por escrever o livro que queriam ter escrito e foram incapazes.

A literatura não serve para divulgar as qualidades (do leitor), e sim para minimizar seus defeitos.

Por prazer, leia um capítulo de Nabokov. Como castigo, dois.

Disseram-me para escrever livros de tamanho médio. No entanto, dos dois romances franceses mais bem-sucedidos da história, um é curtíssimo (*O pequeno príncipe*, oitenta páginas), o outro é enorme (*Em busca do tempo perdido*, de Proust, 3200 páginas), seguindo a lei de arco seno da estatística.

Há uma distinção entre hipocondria expressiva e literatura, assim como há uma entre autoajuda e filosofia.

Você precisa se lembrar constantemente do óbvio: o encanto está no não dito, no não escrito e no não exibido. Controlar o silêncio requer maestria.

Nenhum autor deve ser considerado um fracasso até que comece a ensinar outras pessoas a escrever.

———

As ciências duras fornecem resultados sensacionais com um processo terrivelmente enfadonho; a filosofia proporciona resultados enfadonhos com um processo sensacional; a literatura dá resultados sensacionais com um processo sensacional; e a economia oferece resultados enfadonhos com um processo enfadonho.

———

Uma boa máxima permite que você tenha a última palavra sem nem iniciar uma conversa.

———

Um escritor me disse: "Não fiz nada hoje".
Resposta: tente não fazer nada. A melhor maneira de ter apenas dias bons é não tentar fazer nada. Na verdade, quase tudo o que escrevi e sobreviveu foi escrito quando não tentava fazer nada.

———

Assim como existem autores que gostam de ter escrito e outros que gostam de escrever, há livros que você gosta de ler e outros que você gosta de ter lido.

Um gênio é alguém com defeitos mais difíceis de imitar do que suas qualidades.

Ao lidar com livros comuns, leia o texto e pule as notas de rodapé; no caso de livros escritos por acadêmicos, leia as notas de rodapé e pule o texto; já com livros de negócios, pule o texto e as notas de rodapé.

Duplique a erudição de um homem e você reduzirá pela metade as citações dele.

Os autores ficam com a alma exaurida quando a contribuição marginal de um novo livro é menor que a do livro anterior.

Os perdedores, ao comentar as obras de alguém evidentemente mais impressionante, sentem-se obrigados a rebaixar, sem necessidade, o tema de seus comentários, expressando o que a pessoa não é ("não é um gênio, mas…"; "embora não seja nenhum Da Vinci…") em vez de expressar o que ela é.

Você está vivo em proporção inversa à densidade de clichês em sua escrita.

O que chamamos de "livros de negócios" é uma categoria eliminatória inventada pelas livrarias para textos sem profundidade, sem estilo, sem rigor empírico e sem sofisticação linguística.

Assim como os poetas e os artistas, os burocratas nascem, não são feitos; humanos normais precisam de um esforço extraordinário para manter a atenção em tarefas tão enfadonhas.

Os matemáticos pensam em símbolos, os físicos em objetos, os filósofos em conceitos, os geômetras em imagens, os juristas em construções mentais, os lógicos em operadores, os escritores em impressões, e os idiotas, em palavras.

Remova de seus escritos, currículos e conversas todas as palavras vazias, exceto quando visarem à cortesia.

Os custos da especialização: arquitetos constroem para impressionar outros arquitetos; modelos são magras para impressionar outras modelos; acadêmicos escrevem para impressionar outros acadêmicos; cineastas tentam impressionar outros cineastas; pintores impressionam marchands; mas os autores que escrevem para impressionar os editores de livros tendem a fracassar.

É um desperdício de emoções responder aos críticos; melhor é continuar sendo publicado muito tempo depois de morto.

Eu me pergunto por que os tarados por notícias não se dão conta de que, se os noticiários tivessem o mínimo valor preditivo e fossem além do fútil senso comum, os jornalistas seriam monstruosamente ricos. E de que, se os jornalistas realmente não estivessem interessados em dinheiro, escreveriam ensaios literários.

Sou capaz de prever quando um autor está prestes a me plagiar e sei que vai me plagiar muito mal quando escreve que Taleb "popularizou" a teoria dos eventos Cisne Negro.*

Quando tomam contato com a prosa de verdade, os leitores de jornais são como surdos em uma ópera de Puccini: podem até gostar de uma ou duas coisas enquanto se perguntam: "Qual é o sentido?".

É impossível resumir alguns livros (literatura de verdade, poesia genuína); outros podem ser condensados em cerca de dez páginas; a maioria, em zero página.

---

* Isso é também um indicador de que ele imitará, ao estilo "eu também", meus negócios.

A era da informação exponencial é como uma pessoa com incontinência verbal: cada vez mais fala sem parar e cada vez menos pessoas lhe dão ouvidos.

Quando se examina mais a fundo, o que chamamos de ficção é muito menos ficcional que a não ficção, mas geralmente é menos imaginativo.

É muito mais difícil escrever a resenha de um livro que você leu do que de um livro que não leu.

A maioria dos pretensos escritores continua escrevendo e escrevendo sem parar, com a esperança de, algum dia, encontrar algo a dizer.

Um risco que você corre ao escrever um livro chamando os jornalistas de fornecedores de baboseira é que todos os resenhistas de seu livro serão fornecedores de baboseira.

Hoje, enfrentamos na maior parte do tempo uma escolha entre aqueles que escrevem com clareza sobre um assunto que não entendem e aqueles que escrevem mal e porcamente sobre um assunto que não entendem.

A Idade das Trevas da riqueza de informações: em 2010, 600 mil livros foram publicados apenas em inglês, com poucas citações memoráveis. Por volta do ano zero, um punhado de livros foi escrito. Apesar dos poucos que sobreviveram, há um sem-número de citações.

No passado, a maioria era ignorante: uma pessoa em cada mil era suficientemente refinada para manter uma conversa. Hoje, a alfabetização é maior, mas, graças ao progresso, à mídia e às finanças, apenas uma em cada 10 mil é suficientemente refinada para isso.

Somos (involuntariamente) melhores fazendo fora da caixa do que (voluntariamente) pensando fora dela.

Quero escrever livros que apenas quem os leu afirma que os leu.

Metade da imbecilidade é não perceber que aquilo de que você não gosta pode ser amado por outra pessoa (e consequentemente por você, mais tarde), e o contrário também.

É muito menos perigoso pensar como um homem de ação do que agir como um homem de pensamento.

A literatura ganha vida ao encobrir vícios, defeitos, fraquezas e confusões; ela morre a cada vestígio de pregação.

A respeito de qualquer assunto, se você acha que não sabe o suficiente, não sabe o suficiente.

O UNIVERSAL E O PARTICULAR

Daquilo que aprendi por conta própria ainda me lembro.

———

Mentes comuns encontram semelhanças em histórias (e situações); mentes mais refinadas detectam diferenças.

———

Para entender a diferença entre universal e particular, leve em consideração que alguns se vestem melhor para impressionar uma pessoa específica em vez de uma multidão inteira.

———

Inconscientemente, amplificamos pontos em comum com amigos, diferenças com desconhecidos e contrastes com inimigos.

———

Muitas pessoas são tão pouco originais que estudam história a fim de encontrar erros para repetir.

———

Não há nada considerado prejudicial (em geral) que não possa ser benéfico em alguns casos particulares, e não há nada considerado benéfico que não possa ser prejudicial em algumas circunstâncias. Quanto mais complexo o sistema, mais fraca é a noção de universal.

O tolo generaliza o particular; o nerd particulariza o geral; alguns fazem as duas coisas; e o sábio não faz nem uma nem outra.

Você quer ser você mesmo, idiossincrático; o coletivo (escola, regras, empregos, tecnologia) quer que você seja genérico a ponto da castração.

O verdadeiro amor é a vitória completa do particular sobre o geral e do incondicional sobre o condicional.

Para uma pessoa honesta, a liberdade requer não ter amigos; e, um estágio acima, a santidade requer não ter família.

ILUDIDOS PELO ACASO

A menos que manipulemos nosso ambiente, temos tão pouco controle sobre o que e em quem pensamos quanto sobre os músculos do nosso coração.

É muito difícil argumentar com pessoas assalariadas que o simples pode ser importante e o importante pode ser simples.

Corolário da Lei de Moore: a cada dez anos, a sabedoria coletiva decai pela metade.*

Um figurão é alguém que a percepção pública temporariamente considera que tem alguma importância, em vez de alguém que tem alguma importância temporária.

Deus criou Monte Carlo e lugares semelhantes para que pessoas extremamente ricas sentissem na pele a inveja extrema.

---

* A Lei de Moore estipula que o poder computacional dobra a cada dezoito meses.

Nunca liberte uma pessoa de uma ilusão, a menos que você consiga substituí-la na mente dela por outra ilusão (mas não se esforce demais; a ilusão substituta não precisa ser mais convincente do que a inicial).

A tragédia é que grande parte do que você acha aleatório está sob seu controle, e o contrário também vale, o que é pior.

O tolo vê a si mesmo como mais singular e aos outros como mais genéricos; o sábio se considera mais genérico e julga que os outros são mais singulares.

Um acadêmico não pode perder sua estabilidade no emprego, mas um empresário e alguém arrojado, pobre ou rico, mas que assume riscos, pode ir à falência. Essa é a desigualdade exasperadora.

O que fez a medicina ludibriar as pessoas por tanto tempo foi o fato de seus êxitos terem sido alardeados de maneira exibicionista, ao passo que seus erros foram (literalmente) enterrados.

A armadilha do otário é quando você põe em foco o que sabe e o que os outros não sabem, e não o contrário.

Os jornalistas não conseguem entender que o que é interessante não é necessariamente importante; a maioria não é capaz nem sequer de entender que o espetacular não é necessariamente interessante.

O homem medieval era a peça de uma engrenagem que ele não entendia; o homem moderno é uma engrenagem em um sistema complexo que ele pensa que entende.

Se um piloto derruba um avião, $n = 1$ não é um relato pitoresco; se ele não derruba o avião, $n = 100$ é um relato pitoresco.

A calamidade da era da informação é que a toxicidade dos dados aumenta muito mais rapidamente do que seus benefícios.

A melhor maneira de entender o papel dos meios de comunicação é na jornada desde Catão, o Velho, até um político moderno.* Extrapole um pouco, se quiser ficar com medo.

* Sarah Palin, digamos.

A clareza mental é produto da coragem, e não o contrário.*

A probabilidade é a interseção entre a mais rigorosa matemática e a mais caótica das vidas.

Reformulando: todo ser humano deve sempre ter igualdade de probabilidade (que podemos controlar), não igualdade de resultados.

Nunca prive uma pessoa de uma ilusão, a menos que você possa substituí-la por outra ilusão.

Assim como os estatísticos entendem os riscos das sequências do jogo de roleta melhor do que os carpinteiros, os probabilistas entendem os riscos ecológicos sistêmicos melhor do que os biólogos.

A maioria das pessoas que vivem à base de jornais-informação-internet-mídia tem dificuldade de engolir a ideia de que se

---

* O maior erro desde Sócrates tem sido acreditar que a falta de clareza é a origem de todos os nossos males, e não o resultado deles.

alcança o conhecimento (principalmente) removendo-se o lixo da cabeça.

Homens mais refinados toleram as pequenas incoerências dos outros, mas não as grandes; os fracos toleram as grandes incoerências dos outros, mas não as pequenas.

A polêmica é uma lucrativa forma de entretenimento, uma vez que a mídia pode empregar atores não remunerados e ferozmente motivados.

É impossível distinguir a aleatoriedade da ordem complicada, não detectada e indetectável; mas a própria ordem é por sua vez indistinguível da aleatoriedade astuta.

ESTÉTICA

A arte é uma conversa unilateral com o não observado.

Uma sela de ouro em um pangaré doente parece piorar o problema; pompa e beleza superficial na forma tornam nauseante a ausência de substância.

O gênio de Benoît Mandelbrot* está em alcançar a simplicidade estética sem recorrer à suavidade.

A beleza é realçada por irregularidades desavergonhadas; a magnificência, por uma fachada de asneiras.

Para entender o "progresso": todos os lugares que chamamos

---

* Matemático e geômetra francês de origem judaico-polonesa (1924-2010), conhecido principalmente por suas contribuições no campo da geometria fractal. Entre inúmeras ocupações, lecionou economia em Harvard e engenharia em Yale, e foi catedrático de matemática em Yale. (N. T.)

de feios são criados pelo homem e modernos (Newark), nunca naturais ou históricos (Roma).

Adoramos a imperfeição, o tipo certo de imperfeição; pagamos por arte original e por primeiras edições repletas de erros de tipografia.

A maioria das pessoas precisa esperar que outra diga "isto é arte e é bonito" para dizer "isto é arte e é bonito"; algumas precisam esperar por duas ou mais.

Seu silêncio só será informativo se você for capaz de falar com eloquência.

Al-Mutanabbi se gabou de ser o mais extraordinário de todos os poetas árabes, mas disse isso no mais extraordinário de todos os poemas árabes.

A perspicácia seduz sinalizando inteligência sem nerdice.

Nas representações clássicas de figuras de renome, os homens são magros e as mulheres são rechonchudas; nas fotografias modernas, é o oposto.

Estudar neurobiologia para entender os seres humanos é como estudar tinta para entender literatura.

Assim como nem mesmo o macaco mais bonito se parece com o mais feio dos humanos, nenhum acadêmico tem mais valor do que o pior dos criadores.

Se você quiser irritar um poeta, explique a poesia dele.

ÉTICA

Se encontrar algum motivo pelo qual você e outra pessoa são amigos, vocês não são amigos.

Soldados são mais leais a seus camaradas (e estão mais dispostos a morrer por eles) do que a seu país. Acadêmicos são mais leais a seus pares do que à verdade.

Meu maior problema com a modernidade talvez esteja na crescente separação entre o ético e o legal.*

As pessoas revelam muito mais sobre si mesmas quando mentem do que quando dizem a verdade.

Se somos os únicos animais com senso de justiça, claramen-

---

* O ex-secretário do Tesouro dos Estados Unidos, o "banqueiro gângster" Robert Rubin, talvez o maior ladrão da história, não violou lei nenhuma. A diferença entre o ético e o legal aumenta em um sistema complexo... depois explode.

te é porque também somos os únicos animais com senso de crueldade.

A beleza da vida: a maior gentileza que se recebe na vida pode vir de um desconhecido que não pensa em reciprocidade.*

Para uma pessoa honesta, é um grande elogio ser confundida por um salafrário com um salafrário.

Temos imensa motivação para ajudar aqueles que menos precisam de nós.

Supostamente, se você for intransigente ou intolerante com baboseiras, perderá amigos. Mas também fará amigos, e amigos melhores.

Para avaliar o valor de uma pessoa, ponha na balança a diferença entre o quanto ela foi impressionante no primeiro encontro e no mais recente.

---

* O lado ruim: a pior dor que sofrerá será infligida por alguém que em algum momento se importou com você.

Qualquer coisa que as pessoas façam, escrevam ou digam para incrementar seu status além do que oferecem aos outros aparece como uma marca na testa, visível para os outros, mas não para elas.

A meditação é uma maneira de ser narcisista sem machucar ninguém.

Todo anjo é um babaca em algum lugar.

Todo babaca é um anjo em algum lugar.

A verdadeira humildade é quando você surpreende a si mesmo mais que aos outros; o resto é timidez ou marketing bem-feito.

A diferença entre o político e o filósofo é que, em um debate, o político não tenta convencer o outro lado, apenas a plateia.

Julgamos que é de extremo mau gosto que os indivíduos se vangloriem de suas realizações; mas, quando os países fazem isso, chamamos de "orgulho nacional".

Outro sinal característico dos charlatães: eles não expressam opiniões que possam causar problemas.

Só se pode convencer pessoas que pensam que podem se beneficiar do convencimento.

A grandeza começa com a substituição do ódio pelo desdém gentil.

Nunca chame uma pessoa de imbecil (ou de idiota de merda), a menos que ela cause danos a outros/ao sistema; deve haver uma dimensão moral para os insultos.

Confie nas pessoas que ganham a vida deitadas ou em pé, mais do que naquelas que fazem isso sentadas.

Nunca aceite um conselho de um vendedor, ou qualquer conselho que beneficie aquele que aconselha.

Você tem o dever de gritar as verdades que deveriam ser gritadas mas são apenas sussurradas.

A tragédia da virtude é que, quanto mais óbvio, enfadonho, sem originalidade e censurador o provérbio, mais difícil é colocá-lo em prática.

É uma enrascada e tanto ser ao mesmo tempo maligno e avesso a riscos.

Até mesmo os avarentos mais sovinas podem ser generosos na distribuição de conselhos.

Se você mentir para mim, continue mentindo; não me machuque dizendo, repentinamente, a verdade.

É fácil para outros, mas não para você, detectar a assimetria entre o que você ganha e o que está fazendo, escrevendo ou dizendo.

Não confie em um homem que precise de uma renda — exceto se for um salário mínimo.*

---

* Aqueles submetidos ao cativeiro corporativo fariam qualquer coisa para "dar de comer à família".

Você talvez sobreviva à sua força, nunca à sua sabedoria.

Algo de qualidade bastante mixuruca: cidadania de conveniência, obter o passaporte de um país em nome da facilidade das viagens ou do tratamento tributário, sem se envolver com a comunidade.

Homens fracos agem para satisfazer a suas necessidades; homens fortes, a seus deveres.

Qualquer atitude que uma pessoa toma com o objetivo de ganhar um prêmio, qualquer prêmio, a corrompe até o âmago.

As religiões e a ética evoluíram: prometiam o Paraíso caso a pessoa fizesse o bem, depois veio a promessa do Paraíso enquanto a pessoa fizesse o bem, agora levam a pessoa a prometer fazer o bem.

Para que a mobilidade social funcione, ela precisa ser uma via de mão dupla, com um grande número de pré-ricos e um contingente quase tão grande de pós-ricos.

Evite chamar de heróis aqueles que não tinham outra escolha.

Há pessoas que agradecerão por aquilo que você deu a elas e outras que culparão você por aquilo que não lhes deu.

A inveja, como a sede de vingança, é a versão que uma pessoa perversa tem do nosso senso natural de injustiça.

O homem ético concilia sua profissão com suas convicções, em vez de conciliar suas convicções com sua profissão. Isso tem sido cada vez mais raro desde a Idade Média.

Uma prostituta que vende seu corpo (temporariamente) é muito mais honrada do que alguém que vende sua opinião em troca de uma promoção ou um emprego.

Confio em todas as pessoas, exceto naquelas que me dizem que são dignas de confiança.

Muitas vezes as pessoas precisam suspender sua autopromoção e ter alguém na vida que não precisem impressionar. Isso explica por que têm cachorros.

Confie mil vezes mais em quem é ávido por dinheiro do que em quem é ávido por credenciais.

Generosidade pura é ajudar um ingrato. Todas as outras formas são interesseiras.*

Eu me pergunto se os pilantras são capazes de imaginar que pessoas honestas podem ser mais astutas do que eles.

Confie nos que confiam em você e desconfie daqueles que suspeitam dos outros.

Em Proust há um personagem, Morel, que demoniza Nissim Bernard, um judeu que lhe emprestou dinheiro, e se torna antissemita apenas para poder escapar do sentimento de gratidão.

Generosidade multiplicativa: limite sua generosidade àquelas pessoas que, dadas as circunstâncias, seriam igualmente generosas com outras.

---

* Ética kantiana.

Prometer a alguém boa sorte como recompensa por boas ações parece suborno — talvez o remanescente de uma moralidade arcaica, pré-deôntica e pré-clássica.

Virtude é quando a renda que você deseja mostrar à Receita Federal excede a que você deseja mostrar ao seu vizinho.

A diferença entre magnificência e arrogância está no que se faz quando ninguém está olhando.

Aceite a racionalidade do tempo, nunca sua imparcialidade e moralidade.

O Estado-nação: apartheid sem incorreção política.

Em uma multidão de cem pessoas, 50% da riqueza, 90% da imaginação e 100% da coragem intelectual residirão em um único indivíduo — não necessariamente no mesmo.

A classe média normalmente ferra com a metade de baixo. Essa é a história de Roma.

Assim como o cabelo tingido deixa os homens mais velhos menos atraentes, é o que você faz para esconder suas fraquezas que as torna repugnantes.

Nunca compre um produto fabricado por uma empresa cujo proprietário não o usa, ou, no caso de, digamos, medicamentos, não usaria de vez em quando.

Para os soldados, usamos o termo "mercenário", mas eximimos de responsabilidade os empregados, sob a alegação de que "todo o mundo precisa ganhar a vida".

Estou farto daqueles que me dizem para ser gentil e tentar convencer charlatães. O FBI não "tentou convencer" a máfia a abandonar suas atividades.

O idioma não faz distinção entre a arrogância para cima (irreverência para com os que ocupam posições de poder temporariamente) e arrogância para baixo (dirigida ao homem comum).

Justiça distributiva não é tirar coisas da pessoa afeta a riscos que ganhou dinheiro de forma honrosa, é manter bem alta a probabilidade de ela perder sua fortuna.

Alguém da sua classe social que fica pobre afeta você mais do que milhares de pessoas famintas de outras classes.

É necessário ter bastante talento para ser virtuoso sem ser chato.

ROBUSTEZ E ANTIFRAGILIDADE

Para entender como uma coisa funciona, descubra como quebrá-la.

———

Você está seguro apenas se puder perder sua fortuna sem o insulto adicional, e pior, de ter que se tornar humilde.*

———

Para testar a robustez de alguém quanto a erros de reputação, pergunte a um homem na frente de uma plateia se ele "ainda está mal das pernas" ou se "ainda está perdendo dinheiro", e observe sua reação.

———

Princípio geral: as soluções (avaliando-se os prós e contras) precisam ser mais simples que os problemas.

———

Na vida (e no gerenciamento de riscos), o truque é ter respeito

---

* Regra do meu tataravô.

pela experiência, em igual medida, tanto antes de alguém adquirir a referida experiência quanto depois disso.

Robustez é progresso sem impaciência.

Quando estiver aturdido pela dúvida entre duas opções, não escolha nenhuma.

Estados-nações gostam de guerra; cidades-Estados gostam de comércio; famílias gostam de estabilidade; indivíduos gostam de entretenimento.

O problema com a ideia de "aprender com os próprios erros" é que a maior parte do que as pessoas chamam de erro não é erro.

Robustez é se importar mais com as poucas pessoas que gostam do seu trabalho do que com a multidão que não gosta dele (artistas); fragilidade é se importar mais com os poucos que não gostam do seu trabalho do que com a multidão que gosta dele (políticos).

O racionalista imagina uma sociedade livre de imbecis; o empirista, uma sociedade à prova de imbecis, ou, melhor ainda, à prova de racionalistas.

Resistente a falhas é algo factível; isento de falhas, não é.

Os acadêmicos são úteis apenas quando tentam ser inúteis (como na matemática e na filosofia, digamos) e perigosos quando tentam ser úteis.

Na robustez, um erro é informação; na fragilidade, um erro é um erro.

O melhor teste de robustez a danos à reputação de uma pessoa é seu estado emocional (medo, alegria, tédio) quando ela recebe um e-mail de um jornalista.

A maior desvantagem de ser escritor, principalmente na Inglaterra, é que não há nada que você possa fazer em público ou na esfera privada que seja capaz de prejudicar sua reputação.

O único sistema político válido é aquele que dá conta de lidar com um imbecil no poder sem sofrer consequências.

O ódio veemente (por parte de nações e indivíduos) acaba se revezando entre diferentes objetos de ódio; a mediocridade não consegue lidar com mais de um inimigo. Isso transforma em sistemas robustos os Estados em guerra, com alianças e inimizades inconstantes.

De campos nos quais há uma penalidade pela simplicidade podem se esperar explosões e erros explosivos.

A meu ver é incoerente (e corrupto) não gostar de governos grandes ao mesmo tempo em que se demonstra predileção pelos grandes negócios — mas (infelizmente) não o contrário.

Cada vez mais, as pessoas não se tornam acadêmicas por causa de sua inteligência, mas sim por causa de uma menor compreensão da desordem.

Com que frequência você chegou com uma, três ou seis horas de atraso em um voo transatlântico, em vez de uma, três ou seis horas mais cedo? Isso explica por que os déficits tendem a ser maiores, e raramente menores, que o planejado.

Para uma pessoa livre, a rota ideal — a mais oportunista — entre dois pontos nunca deve ser a mais curta.

A FALÁCIA LÚDICA E
A DEPENDÊNCIA DE DOMÍNIO*

Recentemente, fui jantar em um restaurante fino, com pratos elaborados com nomes chiques, e o preço saiu 125 dólares por pessoa. Depois saboreei uma pizza assada na hora a 7,95 dólares. Eu me pergunto por que a pizza não custa vinte vezes o preço do prato elaborado, já que prefiro comê-la independente do preço.

Esportes são aleatoriedade mercantilizada e, infelizmente, prostituída.

Quando espanca fisicamente alguém, você se exercita e alivia o estresse; quando agride alguém verbalmente na internet, você só se machuca.

Assim como comer carne bovina não transforma ninguém em vaca, estudar filosofia não torna ninguém mais sábio.

* A falácia lúdica é a falácia prevalente no Cisne Negro, relacionada a fazer a vida se assemelhar a jogos (ou a configurações formais) com regras rígidas, e não o contrário. Dependência de domínio é quando se age de certa maneira em determinado ambiente (a academia de ginástica, por exemplo) e de maneira diferente em outro.

Assim como as superfícies lisas e regulares, os esportes competitivos e o trabalho especializado fossilizam a mente e o corpo, enquanto o mundo acadêmico competitivo fossiliza a alma.

Concorda-se que o treinamento em xadrez serve apenas para melhorar as habilidades no xadrez, mas não que o treinamento em sala de aula serve (quase que) apenas para melhorar as habilidades em sala de aula.

As pessoas gostam de comer peixe perto da água, mesmo que o peixe seja pescado bem longe e transportado por caminhões.

Ao chegar ao hotel em Dubai, o empresário mandou um carregador levar sua bagagem; mais tarde, eu o vi levantando peso na academia.

Os jogos foram criados para dar aos não heróis a ilusão de vencer. Na vida real, você não sabe quem realmente ganhou ou perdeu (exceto quando já é tarde demais), mas é capaz de dizer quem é heroico e quem não é.

É provável que os erros detectados pelos revisores de texto não sejam notados pelos leitores, e vice-versa.

Desconfio que testes de QI, o vestibular e o boletim escolar sejam testes concebidos por nerds para que possam obter notas altas a fim de chamarem uns aos outros de inteligentes.*

As pessoas leem *Declínio e queda do Império Romano*, de Gibbon, no formato digital, mas se recusam a beber Château Lynch-Bages em um copo de isopor.

A maioria das pessoas não consegue entender por que alguém pode gostar de conhecimento rigoroso e desprezar os acadêmicos, mas entende que alguém possa gostar de comida e odiar atum enlatado.

Meu melhor exemplo da dependência de domínio da mente, a partir de minha recente visita a Paris: no almoço, em um restaurante francês, meus amigos comeram o salmão e jogaram fora a pele; no jantar, em um bar de sushi, os mesmos amigos comeram a pele e jogaram fora o salmão.

---

* Pessoas inteligentes e sábias que obtêm baixa pontuação nos testes de QI, ou pessoas com evidente deficiência intelectual — a exemplo de George W. Bush, ex-presidente dos Estados Unidos — que obtêm alta pontuação (130) estão testando o teste, e não o contrário.

Fragilidade: fomos progressivamente dissociando a coragem humana da guerra, o que permite que bundas-moles com conhecimento de informática matem pessoas sem expor ao mais ínfimo risco sua própria vida.

Quem não sabe fazer não deve ensinar.

EPISTEMOLOGIA
E CONHECIMENTO SUBTRATIVO

Desde Platão, o pensamento ocidental e a teoria do conhecimento se concentraram nas noções de Verdadeiro e Falso; por mais louvável que isso seja, já passou da hora de mudar o foco da preocupação para Robusto-Frágil e a epistemologia social para o problema mais grave do Otário-Não Otário.

O problema do conhecimento é que existem muito mais livros sobre pássaros escritos por ornitólogos do que livros sobre pássaros escritos por pássaros e livros sobre ornitólogos escritos por pássaros.

Mude sua âncora para o que não aconteceu, e não para o que aconteceu.

O perfeito otário entende que porcos podem fitar pérolas, mas não percebe que ele mesmo pode estar em uma situação análoga.

Aqueles que violam uma regra em um sistema logicamente autocoerente só podem se sair bem se violarem pelo menos uma regra lógica adicional.

―

É preciso ter sabedoria e autocontrole extraordinários para aceitar que muitas coisas têm uma lógica que não entendemos e mais inteligente que a nossa.

―

O conhecimento é subtrativo, não aditivo — é o que subtraímos (redução via aquilo que não funciona, o que *não* fazer), não o que adicionamos (o que fazer).*

―

Acredita-se que inteligência é perceber coisas que são relevantes (detectar padrões), mas, em um mundo complexo, a inteligência consiste em ignorar coisas que são irrelevantes (evitar falsos padrões).

―

Em um conflito, é pouquíssimo provável que o meio-termo esteja correto.

―

---

* A melhor maneira de identificar um charlatão: é alguém (um consultor ou um corretor da Bolsa de Valores, por exemplo) que lhe diz o que fazer em vez do que *não* fazer.

Felicidade: não sabemos o que significa, como medi-la ou como alcançá-la, mas sabemos muitíssimo bem como evitar a infelicidade.

Nos domínios médico e social, o tratamento nunca deve ser o equivalente a silenciar os sintomas.

A imaginação do gênio supera com grande margem de diferença seu intelecto; o intelecto do acadêmico supera vastamente sua imaginação.

A educação *trivium** ideal, e a menos prejudicial para a sociedade e os alunos, seria matemática, lógica e latim: autores latinos em dose dupla para compensar a severa perda de sabedoria resultante da matemática, e matemática e lógica em quantidade apenas suficiente para controlar a verborragia e a retórica.

Os quatro modernos mais influentes, Darwin, Marx, Freud e (o produtivo) Einstein, eram estudiosos, mas não acadêmi-

---

* Na Idade Média, *trivium* era a primeira parte do ensino universitário, formada por três disciplinas (gramática latina, lógica/dialética e retórica) ministradas antes do *quadrivium*, formado por quatro disciplinas, que concluíam as sete artes, ou as artes liberais. (N. T.)

cos. Sempre foi difícil fazer um trabalho genuíno — e não perecível — dentro dos limites das instituições.

O ESCÂNDALO DA PREVISÃO

Um profeta não é alguém com visões especiais, apenas alguém cego para a maior parte das coisas que os outros veem.

———

Para os antigos, prever eventos históricos era um insulto a(os) Deus(es); para mim, é um insulto ao homem — ou seja, para alguns, à ciência.

———

Os antigos sabiam muito bem que a única maneira de compreender os eventos era causá-los.

———

Qualquer pessoa que expresse uma previsão ou manifeste uma opinião sem se expor a algum risco tem um elemento de impostura. A menos que se arrisque a afundar com o navio, seria como assistir a um filme de aventura.

———

As pessoas levariam as previsões mais a sério se lhes fosse informado que nas línguas semíticas as palavras para previsão e "profecia" são as mesmas.

Para Sêneca, o sábio estoico deve se retirar dos esforços públicos quando não lhe dão ouvidos e o estado de degradação já chegou a um ponto em que não há mais conserto. É mais sensato esperar pela autodestruição.

SER FILÓSOFO
E CONSEGUIR CONTINUAR SENDO

Para tornar-se um filósofo, comece caminhando muito devagar.

Matemáticos genuínos entendem a completude; filósofos legítimos entendem a incompletude; o resto não entende nada formalmente.

Em 25 séculos, não surgiu nenhum ser humano com genialidade, profundidade, elegância, inteligência e imaginação para rivalizar com Platão — e para nos proteger do legado dele.

Um filósofo usa lógica sem estatística, um economista usa estatística sem lógica, um físico usa ambas.

Por que tenho uma obsessão por Platão? A maioria das pessoas precisa superar seus antecessores; Platão conseguiu superar todos os seus sucessores.

É desconcertante, mas divertido, observar como as pessoas ficam extremamente empolgadas com coisas para as quais você não dá a mínima; é sinistro vê-las ignorar coisas que você acredita serem fundamentais.

Ser filósofo é saber a priori, através de longas caminhadas, por meio do raciocínio e somente do raciocínio, o que as outras pessoas talvez possam aprender com os erros, crises, acidentes e falências delas — ou seja, a posteriori.

Engenheiros são capazes de calcular, mas não de definir; matemáticos conseguem definir, mas não calcular; economistas não têm capacidade nem de definir nem de calcular.

Algo finito, mas com limites superiores desconhecidos, é epistemicamente equivalente a algo infinito. Isso é infinidade epistêmica.

A matemática exige uma sede de abstração descontrolada; a filosofia exige uma muito controlada.

A ignorância consciente, se puder colocá-la em prática, expande seu mundo; pode tornar as coisas infinitas.

Para os clássicos, o discernimento filosófico era o produto de uma vida de ócio e lazer; para mim, uma vida de ócio de lazer é o produto do discernimento filosófico.

Muitas pessoas precisam de bastante preparação para aprender a ser comuns.

Uma grande quantidade de intelecto e confiança é necessária para aceitar que aquilo que faz sentido na verdade não faz.

Uma cama de Procusto teológica: para os ortodoxos desde Gregório Palamas e para os árabes desde Algazel, as tentativas de definir Deus usando a linguagem de universais filosóficos foram um erro racionalista. Ainda estou esperando que um moderno perceba isso.

Quando descobrir que riscos podemos medir, saberemos que esses são os riscos que devemos assumir.

Dizer "a matemática da incerteza" é como dizer "a castidade do sexo" — o que é matematizado deixa de ser incerto, e vice-versa.

Se o enfoque que se dá à matemática é mecânico e não místico, não se vai a lugar nenhum.

Infelizmente, aprendemos o máximo com os tolos, os economistas e outros inspiradores exemplos de comportamento às avessas, mas lhes retribuímos com a pior ingratidão.

Assalariados são apenas padrastos e madrastas. Podem até ser bons padrastos e madrastas, mas nunca chegam à altura de pais e mães biológicos.

No *Protágoras* de Platão, Sócrates contrasta a filosofia como busca colaborativa da verdade com o uso que o sofista faz da retórica para obter vantagem em debates por fama e dinheiro. Vinte e cinco séculos depois, são exatamente assim o pesquisador assalariado e o acadêmico moderno que adora a estabilidade no emprego. Progresso.

VIDA ECONÔMICA
E OUTROS ASSUNTOS MUITO VULGARES

Existem designações, como "economista", "prostituta" ou "consultor", para as quais caracterizações adicionais não acrescentam informação.

———

Um matemático começa com um problema e cria uma solução; um consultor começa oferecendo uma "solução" e cria um problema.

———

Desigualdades financeiras são efêmeras, a um impacto de distância da realocação; desigualdades de status e a "elite" acadêmico-burocrática estão aí para ficar.

———

O que chamam de "risco" eu chamo de oportunidade; mas o que chamam de oportunidade de "baixo risco" eu chamo de problema de otários.

———

Se você detectar um sorriso contido no rosto do vendedor, é porque pagou caro demais.

As organizações são como panacas movidos à cafeína, involuntariamente correndo para trás; só ouvimos falar dos poucos que alcançam seu destino.

Existem três tipos de grandes corporações: aquelas que estão prestes a ir à falência, aquelas que já foram e ocultam o fato, e aquelas que estão falidas e que não sabem disso.

O melhor teste para saber se alguém é extremamente burro (ou extremamente sábio) é verificar se notícias financeiras e políticas fazem sentido para ele.

A esquerda sustenta a tese de que, uma vez que os mercados são burros, os modelos deveriam ser inteligentes; a direita acredita que, porque os modelos são burros, os mercados deveriam ser inteligentes. Infelizmente, nunca ocorre a nenhum dos dois lados que tanto os mercados quanto os modelos são bastante burros.

Quando positivo, mostre o líquido; quando negativo, mostre o bruto.

A economia é como uma estrela morta que ainda parece produzir luz, mas você sabe que está morta.

Um trader deu ouvidos às previsões do "economista-chefe" de uma empresa sobre ouro e perdeu uma bolada. O trader foi convidado a deixar a empresa, então perguntou, furioso, ao patrão que o estava demitindo: "Por que só eu estou perdendo o emprego, e o economista não? Ele também é responsável pelo prejuízo". O patrão disse: "Seu idiota, não estamos demitindo você por perder dinheiro, mas por ouvir o economista".

Os otários pensam que a cura para a ganância é o dinheiro e que vícios se curam com substâncias; problemas especializados, com especialistas; operações bancárias, com banqueiros; a economia, com economistas; e que o remédio para as crises de dívida são gastos.

De uma coisa você pode ter certeza: o diretor-executivo de uma corporação tem muitos motivos de preocupação quando anuncia publicamente que "não há nada com o que se preocupar".

A economia torna mais complicadas as coisas simples; a matemática torna mais simples as coisas complicadas.

O mercado de ações, em resumo: os participantes esperam calmamente na fila para serem abatidos no matadouro, pensando que é para um espetáculo da Broadway.

Se algo (o preço das ações, digamos) parece um pouco fora de ordem, é porque está muito fora. Se parecer muito fora, é você que está errado no seu método de avaliação.

A principal diferença entre as injeções de capital do socorro financeiro por parte do governo e o tabagismo é que, em alguns casos raros, a afirmação "este é meu último cigarro" é verdadeira.

A macrobaboseira é mais fácil de pôr em prática do que a microbaboseira.

O que nos torna frágeis é que as instituições não são capazes de ter as mesmas virtudes (honra, veracidade, coragem, lealdade, tenacidade) que os indivíduos.

Os piores estragos foram causados por pessoas competentes tentando fazer o bem; as melhores benfeitorias foram propiciadas por incompetentes que não estavam tentando fazer o bem.

Dizer que alguém é bom em obter lucros mas não é bom em gerenciar riscos é como dizer que alguém é um grande cirurgião, exceto nos casos em que os pacientes morrem.

A diferença entre os bancos e a máfia: os bancos têm melhor conhecimento especializado de regulamentação legal, mas a máfia entende a opinião pública.

"É muito mais fácil enganar as pessoas por bilhões do que por apenas milhões."*

Ser empreendedor é algo existencial, e não apenas financeiro.

Em uma conferência em Moscou, vi o economista Edmund Phelps, que recebeu o "Nobel" por textos que ninguém lê, teorias que ninguém usa e palestras que ninguém entende.

---

* Inspirado no episódio Madoff. [O caso explodiu em dezembro de 2008, quando o financista nova-iorquino Bernard Madoff confessou jamais ter investido um centavo dos aportes confiados à sua sociedade, a Bernard L. Madoff Investment Securities, e que sua companhia era apenas um gigantesco esquema de pirâmide financeira. Em 2009, Madoff foi julgado culpado de fraude, perjúrio, lavagem de dinheiro e roubo; aos 71 anos, foi condenado à pena máxima prevista pela lei: 150 anos de prisão.] (N. T.)

Qualquer pessoa que goste de reuniões deveria ser proibida de participar delas.

Uma das falhas da "aproximação científica" no domínio não linear vem do inconveniente fato de que a média das expectativas é diferente da expectativa das médias.*

Um economista é uma mistura de 1) um empresário sem bom senso, 2) um físico sem cérebro e 3) um especulador sem colhões.

Jornalistas como aforistas às avessas: minha afirmação "é preciso ter competência para conseguir uma BMW, competência aliada à sorte de se tornar um Warren Buffett" foi resumida como "Taleb diz que Buffett não tem competência".

A mente curiosa abraça a ciência; os talentosos e sensíveis adotam as artes; as pessoas de espírito prático, os negócios; o resto vira economista.

---

*Nunca atravesse um rio, porque ele tem em média 1,20 metro de profundidade. Isso também é conhecido como desigualdade de Jensen.

Stiglitz entende tudo de economia, exceto os riscos de cauda, o que é a mesma coisa que saber tudo de segurança de voo, exceto acidentes aéreos.

Empresas públicas, como as células humanas, são programadas para apoptose, suicídio por dívidas e riscos ocultos. Resgates financeiros conferem ao processo uma dimensão histórica.

Quem tem cérebro mas é desprovido de colhões se torna matemático; quem tem colhões mas é desprovido de cérebro entra para a máfia; quem não tem nem colhões nem cérebro vira economista.

Nos países pobres, as autoridades recebem subornos explícitos; em Washington, recebem a sofisticada promessa, implícita e tácita, de trabalhar para grandes corporações.

O mais cruel dos destinos é quando um banqueiro acaba na pobreza.

Nunca aceite um conselho de investimento de alguém que precisa trabalhar para ganhar a vida.

Deveríamos fazer com que os alunos recalculem sua média escolar somando suas notas em finanças e economia de trás para a frente.

O problema de agência leva todas as empresas, devido ao acúmulo de riscos ocultos, à máxima fragilidade.

O dinheiro corrompe aqueles que falam (e escrevem) sobre ele mais do que aqueles que o ganham.

Na política enfrentamos a escolha entre, de um lado, agentes belicistas e amantes do Estado-nação a serviço de imensas corporações, e, de outro, serviçais arrogantes de grandes empregadores, paus-mandados epistêmicos e cegos ao riscos. Mas temos uma escolha.

Para ter um ótimo dia: 1) sorria para um desconhecido; 2) surpreenda alguém dizendo algo inesperadamente agradável; 3) dê atenção genuína a uma pessoa idosa; 4) convide para tomar café alguém que não tenha muitos amigos; 5) humilhe publicamente um economista ou crie uma profunda ansiedade no íntimo de um professor de Harvard.

Dê as boas notícias aos poucos e as más notícias de supetão e aos borbotões.

Nunca peça conselhos a seu cliente.

O SÁBIO, O FRACO
E O MAGNIFICENTE*

Homens medíocres tendem a ficar indignados com pequenos insultos, mas são passivos, inibidos e silenciosos diante de insultos muito grandes.**

É sinal de fraqueza tentar evitar mostrar sinais de fraqueza.

A única definição de macho alfa: se você tentar ser um macho alfa, nunca será um.

Os que assumem riscos nunca reclamam. Eles fazem.

---

* Na *Ética a Nicômaco*, de Aristóteles, o *megalopsychos*, que traduzo como o magnificente, é o "indivíduo de alma grande", que considera a si mesmo como alguém digno de grandes coisas e, consciente de sua posição na vida, age de acordo com um sistema de ética que exclui a mesquinharia. Essa noção de grandeza e nobreza de alma, embora substituída pela ética cristã que preconiza a humildade, permanece presente na cultura levantina, com o literal *Kabir al-nafs*. Entre outros atributos, o magnificente caminha devagar.

** Tenha em mente a reação às instituições bancárias e econômicas.

Quem não tem nada a provar nunca diz que não tem nada a provar.

———

Para ser uma pessoa de virtude, é preciso ser tediosamente virtuoso em todas as pequenas ações. Para ser uma pessoa de honra, tudo o que é preciso é ser honrado em algumas coisas importantes (arriscar sua vida, carreira ou reputação por uma causa justa, por exemplo, ou cumprir sua palavra quando ninguém mais tiver coragem de fazê-lo).

———

O fraco mostra sua força e esconde suas fraquezas; o magnificente exibe suas fraquezas como ornamentos.

———

A magnificência é definida pela interseção entre os elogios relutantes feitos por seus inimigos e as críticas de seus amigos; a grandeza, pela união dessas coisas.

———

Como é esplêndido tornar-se sábio sem ser enfadonho; que triste é ser enfadonho sem ser sábio.*

———

Se as únicas pessoas que falam mal de você são aquelas que preferem sua empresa às de muitas outras, se você é criticado

---

* Olhando para o presidente do Banco Central americano, Ben Bernanke.

apenas por quem esmiúça minuciosamente seu trabalho, e se quem o insulta são pessoas que abrem seu e-mail no mesmo instante em que o recebem, então você está fazendo a coisa certa.

As características que respeito são a erudição e a coragem de se expor publicamente quando homens pela metade temem fazer isso por medo de prejudicar sua reputação. Qualquer idiota pode ser inteligente.

Os medíocres lamentam mais as palavras que dizem do que seu próprio silêncio; homens mais admiráveis lamentam mais seu silêncio do que suas palavras; o magnificente não tem nada de que se arrepender.

É necessário ter alguma humanidade para sentir compaixão pelos menos afortunados que nós; mas é preciso ter honra para evitar invejar aqueles que têm muito mais sorte.

Homens comuns estão a apenas certo número — variável — de refeições antes de começar a mentir, roubar, matar ou até mesmo trabalhar como prognosticadores do Banco Central em Washington; o magnificente, nunca.*

---

* Tive que ler o livro IV da *Ética a Nicômaco* de Aristóteles dez vezes antes de perceber o que ele não disse explicitamente (mas sabia): o magnificente (*megalopsychos*) tem tudo a ver com incondicionais.

Ciência social significa inventar certa qualidade de humano que somos capazes de entender.

———

Aceitamos perversamente o narcisismo nos Estados-nações, ao mesmo tempo em que o reprimimos nos indivíduos: a complexidade desmascara os instáveis alicerces morais do sistema.

———

Ao desejar "boa sorte" a um colega, o fraco quer dizer exatamente o contrário; o forte é ligeiramente indiferente; apenas o magnificente tem intenção sincera em suas palavras.

———

Contra a crença predominante, o "sucesso" não é chegar ao topo de uma hierarquia, mas se manter fora de todas as hierarquias.

———

No passado, apenas alguns homens, mas todas as mulheres, eram capazes de procriar. A igualdade é mais natural para as mulheres.

———

Alguém disse: "Precisamos de mais mulheres na filosofia acadêmica". Mas também precisamos de mais homens na filosofia acadêmica.

O magnificente acredita em metade do que ouve e no dobro do que diz.

É muito fácil ser estoico no fracasso.

Uma ameaça verbal é o mais autêntico certificado de impotência.

O primeiro e mais difícil passo para a sabedoria: evite a suposição-padrão de que as pessoas sabem o que querem.

Os dois mais celebrados exemplos de coragem da história não são atos de combatentes homéricos, mas de dois sujeitos do Mediterrâneo oriental que morreram e até mesmo procuraram a morte por suas ideias.

O fraco não consegue ser bom; ou talvez só consiga ser bom dentro de um sistema jurídico exaustivo e ludibriador.

A virtude é uma sequência de pequenos atos de omissão. Honra e grandeza podem ser um único, corajoso, decisivo e abnegado ato de comissão.

Evite, por todos os meios, palavras — ameaças, reclamações, justificativas, narrativas, reformulações, tentativas de ganhar discussões, súplicas; evite palavras!

Seja educado, cortês e gentil, mas ignore comentários, elogios e críticas de pessoas que você não contrataria.

Segundo Luciano de Samósata, o filósofo Demônax impediu um espartano de espancar seu servo. "Você o está tornando seu igual", disse ele.

Você é livre em proporção inversa ao número de pessoas a quem não pode dizer "vá à merda". Mas é honrado em proporção direta ao número de pessoas a quem pode dizer, impunemente, "vá à merda", mas não o faz.

O pior medo do homem clássico era a morte inglória; o pior medo do homem moderno é apenas a morte.

Nunca confio em um homem que não tem inimigos.

Quando você menciona alguma citação antiga ao estilo sabedoria antiga e acrescenta "verdade importante", "para lembrar" ou "algo para nortear a vida", não o faz porque é bom, apenas porque é inaplicável. Se fosse bom e aplicável, a citação não seria necessária. Sabedoria difícil de executar não é sabedoria de fato.

O IMPLÍCITO E O EXPLÍCITO

Você sabe que tem influência quando as pessoas começam a perceber sua ausência mais do que a presença de outros.

———

As únicas pessoas que pensam que a experiência do mundo real não importa são aquelas que nunca tiveram uma experiência de mundo real.

———

Tem-se a garantia de uma repetição quando se ouve a declaração "nunca mais!".

———

Algumas pessoas reticentes usam o silêncio para ocultar sua inteligência; mas a maioria faz isso para esconder a falta dela.

———

Reclamações não expressam queixas; na maioria das vezes, revelam a fraqueza de quem reclama.

———

Praguejar de vez em quando, em meio a um vocabulário rico, é um dispendioso sinal de que se é dono de si mesmo.

Quando alguém diz: "Não sou tão burro assim", isso quase sempre significa que é mais burro do que pensa.

Falar mal de alguém é a única expressão de admiração genuína, jamais fingida.

Só se pode insultar um bárbaro no próprio idioma dele.

Quando uma mulher diz que um homem é inteligente, em geral quer dizer que ele é bonito; quando um homem diz que uma mulher é burra, sempre quer dizer que ela é atraente.

O que os sites de namoro organizados não conseguem entender é que as pessoas são muito mais interessantes naquilo que não dizem sobre si mesmas.

Se sua barba é grisalha, apresente heurísticas e conselhos, mas explique o porquê. Se sua barba for branca, pule o porquê, apenas diga o que deve ser feito.

Como companhia, geralmente preferimos pessoas que nos acham interessante àquelas que achamos interessantes.

A internet destruiu o muro público-privado; declarações impulsivas e deselegantes que costumavam ser mantidas em sigilo agora estão disponíveis para interpretação literal.

Um mundo mais feliz é aquele em que todos compreendem que 1) não é o que você diz às pessoas, é como você diz que as faz se sentirem mal; 2) não é o que você faz com elas, mas o que você causa à imagem delas que as deixa furiosas; 3) são elas que devem se colocar em uma categoria específica.

Um dos problemas das redes sociais é que está ficando cada vez mais difícil para as pessoas reclamarem umas das outras pelas costas.

As pessoas dão sonoras gargalhadas e alardeiam suas risadas quando ficam preocupadas com a afirmação que supostamente acham engraçada. Caso contrário, abririam um sorriso — talvez furtivo.

Você pode ter certeza de que uma pessoa dispõe dos meios mas não da vontade de ajudar quando ela diz: "Não há mais nada que eu possa fazer". E você pode ter certeza de que uma pessoa não dispõe dos meios nem da vontade de ajudar quando diz: "Estou aqui para ajudar".

———

O princípio geral da antifragilidade: é muito melhor fazer coisas que você não consegue explicar do que explicar coisas que não é capaz de fazer.

———

Temos a expectativa de que lugares e produtos sejam menos atraentes do que nos folhetos publicitários, mas nunca perdoamos os seres humanos por serem piores do que as primeiras impressões que nos causaram.

———

Se algo parece irracional — e já é assim há muito tempo —, é provável que você tenha uma definição errada de racionalidade.

———

Quando alguém inicia uma frase com "simplesmente", prepare-se para ouvir algo muito complicado.

———

Metade das pessoas mente com os lábios; a outra metade, com as lágrimas.

As regras que você explica são menos convincentes que as que não explica — ou que tem que explicar.

Saber coisas que as outras pessoas não sabem é mais eficaz quando as outras pessoas não sabem que você sabe coisas que elas não sabem.

SOBRE AS VARIEDADES
DE AMOR E NÃO AMOR

Em qualquer fase, os seres humanos podem ansiar por dinheiro, conhecimento ou amor; às vezes por duas coisas, nunca por três.

Amor sem sacrifício é igual a roubo.

Você pode até perdoar alguém que o prejudicou e ser amigo dessa pessoa, mas nunca vai ser amigo de alguém que o entedia.

O casamento é o processo institucional de feminizar os homens — e feminizar as mulheres.

O que conta não é o que as pessoas dizem sobre você, é a quantidade de energia que elas gastam para dizer isso.

Há homens que se cercam de mulheres (e buscam riquezas) por ostentação; outros que fazem isso principalmente pelo consumo; raras vezes são os mesmos.

É provável que aqueles que se referem a você repetidamente como "meu amigo" traiam você.

Fora do âmbito da amizade e do amor, é muito difícil encontrar situações em que os dois lados são otários.

Um inimigo que se torna amigo continuará sendo amigo; um amigo convertido em inimigo nunca se tornará um amigo.

Participei de um simpósio, evento que herdou o nome de uma festa de bebedeira ateniense do século v a.C.* em que não nerds conversavam sobre amor; infelizmente não havia bebida e, misericordiosamente, ninguém falou sobre amor.

Os jornalistas sentem desprezo por aqueles que os temem e um profundo ressentimento por aqueles que não os temem.

---

* De modo geral, os banquetes gregos, em especial em Atenas, dividiam-se em duas partes: o *deipnon*, em que pratos pouco sofisticados eram consumidos rapidamente, sem muita conversa ou bebida, e o *sympósion*, que por sua vez consistia de rituais religiosos, divertimentos com prostitutas, música e dança regados a fartas quantidades de vinho, consumido aos poucos de modo que os comensais não se embebedassem logo. (N. T.)

Você receberá a maior dose de atenção daqueles que o odeiam. Nenhum amigo, nenhum admirador e nenhum parceiro lisonjeará você com tanta curiosidade.

Quando usado com habilidade, um elogio será muito mais ofensivo do que qualquer outra forma de depreciação.

Os seres humanos têm necessidade de reclamar tanto quanto de respirar. Nunca os impeça; apenas manipule-os, controlando o alvo das reclamações, e lhes forneça motivos para reclamar. Eles vão reclamar, mas ficarão gratos.

Quando se torna parceira de um homem rico e de resto desinteressante, uma jovem pode acreditar sinceramente que está atraída por alguma parte do corpo muito específica (digamos, o nariz, o pescoço ou o joelho dele).

Os ferimentos causados por outras pessoas tendem a ser agudos; os autoinfligidos tendem a ser crônicos.

Quando as pessoas o chamam de inteligente, quase sempre é porque concordam com você. Caso contrário, chamam você de arrogante.

Um bom inimigo é muito mais leal, muito mais previsível e, para os inteligentes, muito mais útil do que o mais valioso admirador.

Muitas vezes nos beneficiamos de danos que nos são causados por outras pessoas, mas quase nunca de ferimentos autoinfligidos.

Se meus detratores me conhecessem melhor, iam me odiar ainda mais.

O FIM

Sabedoria não é entender coisas (e pessoas); é saber o que elas podem fazer com você.

―

As mentes platônicas esperam que a vida seja como um filme, com finais extremos definidos; os não platônicos esperam que o filme seja como a vida e, exceto por algumas condições irreversíveis, tais como a morte, desconfiam da natureza definitiva de todos os fins declarados pelo homem.

―

O único problema de rir por último é que o vencedor tem que rir sozinho.

POSFÁCIO

O tema geral do meu trabalho são as limitações do conhecimento humano e os erros e vieses, charmosos e menos charmosos, de quem lida com assuntos que estão fora do nosso campo de observação, inobservados e inobserváveis — o desconhecido; o que está do outro lado do véu da opacidade.

Como nossa mente precisa reduzir as informações, somos mais propensos a tentar espremer um fenômeno até fazê-lo caber na cama de Procusto de uma categoria nítida e conhecida (amputando o desconhecido), tornando-o tangível, do que a suspender a categorização. Graças às nossas detecções dos padrões falsos, juntamente com os reais, o que é aleatório parecerá menos aleatório e mais evidente — é mais provável nosso cérebro hiperativo impor uma narrativa errada e simplista do que nenhuma.*

A mente pode ser uma maravilhosa ferramenta de autoengano — não foi projetada para lidar com a complexidade e in-

---

* Esse descarte do invisível provém do "desprezo pelo abstrato" que é da natureza humana (nossa mente não é boa em lidar com o que não é do senso comum e tende a ser influenciada por imagens nítidas e realistas, o que faz com que os meios de comunicação distorçam nossa visão do mundo).

certezas não lineares.* Ao contrário do discurso comum, mais informações significam mais ilusões; nossa detecção de falsos padrões cresce em um ritmo cada vez mais acelerado como um efeito colateral da modernidade e da era da informação; há um desencontro entre a caótica aleatoriedade do mundo atual rico em informações, com suas interações complexas, e nossas intuições de eventos, derivadas de um hábitat ancestral mais simples. Nossa arquitetura mental se encontra em crescente descompasso com o mundo em que vivemos.

Isso nos leva a problemas de otário: quando o mapa não corresponde ao território, existe certa categoria de tolo — o hiperinstruído, o acadêmico, o jornalista, o leitor de jornais, o "cientista" mecanicista, o pseudoempirista, aqueles dotados do que chamo de "arrogância epistêmica", essa maravilhosa capacidade de ignorar o que não viam, o inobservado — que entra em um estado de negação, imaginando o território como se ele se encaixasse em seu mapa. Em termos mais gerais, o tolo aqui é alguém que faz a redução errada apenas pela redução em si mesma, ou então elimina algo essencial, amputando as pernas, ou, melhor, parte da cabeça de um hóspede, enquanto insiste que preservou a personalidade dele com 95% de exatidão. Olhe ao redor e veja as camas de Procusto que criamos, algumas benéficas, outras mais questionáveis: regulamentos, governos que impõem decisões de cima para baixo, academias

---

* A ciência tampouco é capaz de lidar efetivamente com questões não lineares e complexas, aquelas repletas de interdependência (clima, vida, o corpo humano), apesar de seus badalados êxitos no domínio linear (física e engenharia), que lhe conferem um prestígio que nos colocou em perigo.

de ginástica, deslocamentos diários de casa para o trabalho, arranha-céus com escritórios, relações humanas involuntárias, emprego etc.

Desde o Iluminismo, na grande tensão entre *racionalismo* (como gostaríamos que as coisas fossem para que fizessem sentido para nós) e *empirismo* (como as coisas são), culpamos o mundo por não se encaixar nas camas dos modelos "racionais", tentamos mudar os humanos para se ajustarem à tecnologia, manipulamos nossa ética para se adaptar às nossas necessidades de emprego, pedimos à vida econômica que se moldasse às teorias dos economistas e pedimos à vida humana que se espremesse para caber dentro de alguma narrativa.

Somos robustos quando erros na representação do desconhecido e na compreensão de efeitos aleatórios não levam a resultados adversos, e somos frágeis quando isso acontece de outra maneira. O robusto se beneficia com os eventos Cisne Negro,* o frágil é quem é atingido de forma severa por eles. Somos cada vez mais frágeis a certa variedade de autismo científico, fazendo afirmações confiantes sobre o desconhecido — o que resulta em problemas especializados, risco, gigantesca dependência de erro humano. Como o leitor pode ver a partir de meus aforismos, tenho respeito pelos métodos de robustez da mãe natureza (bilhões de anos permitem que a maior parte do que é frágil se quebre); o pensamento clássico é mais robusto

---

* Um Cisne Negro (com iniciais maiúsculas) é um evento (histórico, econômico, tecnológico, pessoal) que é imprevisível por parte de algum observador e acarreta consequências poderosas. Apesar do crescimento do nosso conhecimento, o papel desses Cisnes Negros vem crescendo.

(a respeito do desconhecido, da humildade epistêmica) do que o moderno autismo pseudocientífico ingênuo pós-Iluminismo. Assim, meus valores clássicos me fazem defender o trio erudição, elegância e coragem, contra a falsidade, a nerdice e o filistinismo da modernidade.*

A arte é robusta; a ciência, nem sempre (para não dizer o pior). Algumas camas de Procusto fazem a vida valer a pena: a arte e o aforismo poético, a mais potente de todas.

Aforismos, máximas, adágios, provérbios, ditados e frases curtas e, até certo ponto, os epigramas são a mais antiga forma literária — amiúde integrados ao que agora chamamos de poesia. Carregam a compacidade cognitiva do slogan e do chavão (embora sejam ao mesmo tempo mais potentes e mais elegantes do que a versão de péssima qualidade disponível hoje em dia),** com alguma demonstração de bravata na capacidade do autor de comprimir ideias poderosas em um punhado de palavras — especialmente em um formato oral. Com efeito, tinha que ser bravata, porque a palavra em árabe para uma frase breve e improvisada é "ato de masculinidade", embora essa noção de "masculinidade" seja menos norteada

---

* Muitos filisteus reduzem minhas ideias a uma oposição à tecnologia quando, na verdade, estou opondo a cegueira ingênua a seus efeitos colaterais — o critério da fragilidade. Prefiro ser incondicional com relação à ética e condicional em relação à tecnologia do que o contrário.

** Observe a diferença em relação aos bordões da TV: a frase de efeito perde informações; o aforismo ganha. De alguma forma, aforismos obedecem ao efeito "menos é mais" de Gigerenzer e Goldstein.

pelo gênero do que parece e possa ser igualmente traduzida como "as habilidades de ser humano" (*virtude* tem as mesmas raízes em latim, vir, "homem"). Como se aqueles capazes de produzir pensamentos poderosos dessa maneira fossem investidos de poderes talismânicos.

Esse modo está no centro da alma levantina (e no Mediterrâneo oriental mais amplo). Quando Deus falava com os semitas, falava em frases poéticas muito curtas, em geral pela boca dos profetas. Pense nas Escrituras, mais particularmente os livros de Provérbios e Eclesiastes; o Alcorão, livro sagrado do islã, é uma coleção de aforismos concentrados. E o formato foi adotado para profecias literárias sintéticas: [*Assim falou*] *Zaratustra*, de Nietzsche, ou, mais recentemente, meu compatriota de uma aldeia vizinha (e em guerra) no Norte do Líbano, Kahlil Gibran, autor de *O profeta*.

Fora do que agora chamamos de religião, tomemos como exemplo os aforismos de Heráclito e Hipócrates; as obras de Publílio Siro (escravo sírio que devia sua liberdade à sua eloquência, expressa em suas *Sententiae* [Adágios], poderosos poemas de um único verso que ecoam nas máximas de La Rochefoucauld) e nas composições daquele que é considerado por muitos como o maior de todos os poetas árabes, Al-Mutanabbi.

Os aforismos, na forma de sentenças autônomas de poucas palavras, vêm sendo usados para a explicitação de regras, a exposição de textos e princípios religiosos, a formulação de conselhos a um neto por uma avó levantina, a ostentação (como eu disse anteriormente em um aforismo, Al-Mutanabbi recorreu a eles para nos contar, de maneira convincente, que era o maior poeta árabe), sátiras* (Marcial, Esopo, Almaarri), pelos *moralistas* (Vaugenargues, La Rochefoucauld, La Bruyère, Chamfort), para expor filosofia opaca (Wittgenstein), ideias relativamente mais claras (Schopenhauer, Nietzsche, Cioran) ou ideias cristalinas (Pascal).** Nunca é necessário explicar um aforismo — tal qual a poesia, é algo com que o leitor precisa lidar sozinho.***

Existem aforismos insossos, aqueles mais banais que encerram verdades importantes nas quais você já havia pensado antes (o tipo que faz as pessoas inteligentes recuarem de repugnância diante de *O profeta* de Gibran); os agradáveis, aqueles em que você nunca pensou mas desencadeiam em você o *Ahá!* de uma descoberta importante (os de La Rochefoucauld, por exemplo); mas os melhores são aqueles em que você nunca pensou e que precisa ler mais de uma vez para perceber que são verdades relevantes, principalmente quando o silencioso caráter da verdade neles contido é tão poderoso que são esquecidos tão logo lidos.

---

* A melhor maneira de medir a perda de sofisticação intelectual na era da internet — essa "nerdificação", para ser franco — está no crescente desaparecimento do sarcasmo, à medida que mentes mecanicistas encaram insultos de maneira um pouco literal demais.

** Não é incomum que a mesma máxima seja repetida por diversos autores, separados por milênios ou um continente.

*** O aforismo foi um tanto degradado (fora do idioma alemão) por sua associação com o humor, como nos casos de Oscar Wilde, Mark Twain, Ambrose Bierce ou Sacha Guitry. O pensamento profundo pode ser poético e espirituoso, como em Schopenhauer, Nietzsche e (às vezes) Wittgenstein; mas, respeitando a distinção entre Sagrado e Profano, filosofia e poesia não são um show de comédia stand-up.

Os aforismos exigem que mudemos nossos hábitos de leitura e que lidemos com eles em pequenas doses; cada aforismo é uma unidade completa, uma narrativa dissociada das outras.

A minha melhor definição de nerd: alguém que pede para você explicar um aforismo.

Eu tinha consciência de que meu estilo era aforístico. Na adolescência, tive como mentor o poeta Georges Schéhadé (cuja poesia se lê como uma série de provérbios), que previu que eu veria a luz e cresceria para fazer carreira na poesia tão logo tirasse do meu sistema esse negócio de ideias. Mais recentemente, os leitores acionaram diversos alertas de direitos autorais publicando na internet citações de meus livros, mas nunca pensei em exprimir minhas ideias (ou, melhor, minha ideia central sobre os limites do conhecimento) dessa maneira, até que percebi que essas frases me ocorrem naturalmente, de modo quase involuntário, de uma maneira misteriosa e sinistra, principalmente enquanto caminho (devagar) ou quando liberto minha mente para não fazer nada, ou nada que demande esforço — eu poderia me convencer de estar ouvindo vozes do outro lado do véu da opacidade.

Quando você se liberta totalmente de restrições e se vê livre de pensamentos, livre dessa atividade debilitante chamada trabalho, livre de esforços, elementos escondidos na textura da realidade começam a encará-lo; aí, mistérios que você nunca pensou que existissem surgem diante de seus olhos.

AGRADECIMENTOS

P. Tanous, L. de Chantal, B. Oppetit, M. Blyth, N. Vardy, B. Appleyard, C. Mihailescu, J. Baz, B. Dupire, Y. Zilber, S. Roberts, A. Pilpel, W. Goodlad, W. Murphy, M. Brockman, J. Brockman, C. Taleb, C. Sandis, J. Kujat, T. Burnham, R. Dobelli, M. Ghosn (o mais jovem), S. Taleb, D. Riviere, J. Gray, M. Carreira, M.-C. Riachi, P. Bevelin, J. Audi (*pontem fecit*), S. Roberts, B. Flyvberg, E. Boujaoude, P. Boghossian, S. Riley, G. Origgi, S. Ammons e muitos mais (às vezes me lembro de nomes de pessoas cuja ajuda foi extremamente fundamental quando já é tarde demais para demonstrar gratidão).

1ª edição [2022] 3 reimpressões

Esta obra foi composta por Joana Figueiredo
em Adobe Garamond e impressa em ofsete
pela Gráfica Bartira sobre papel Pólen Bold
da Suzano s.a. para a Editora Schwarcz
em fevereiro de 2025

A marca FSC® é garantia de que a madeira utilizada na fabricação deste livro provém de florestas que foram gerenciadas de maneira ambientalmente correta, socialmente justa e economicamente viável, além de outras fontes de origem controladas.